藏在书包里的极简世界历史故事

晴晨图书编写组 ——编

吉林文史出版社
JILINWENSHICHUBANSHE

图书在版编目（CIP）数据

藏在书包里的极简世界历史故事 / 晴晨图书编写组编 .-- 长春 : 吉林文史出版社 , 2020.1

ISBN 978-7-5472-6243-6

Ⅰ . ①藏… Ⅱ . ①晴… Ⅲ . ①世界史－少儿读物 Ⅳ . ① K109

中国版本图书馆 CIP 数据核字 (2019) 第 117119 号

藏在书包里的极简世界历史故事

主　　编 / 晴晨图书编写组
责任编辑 / 孙建军　董芳
出版发行 / 吉林文史出版社有限责任公司（长春市人民大街 4646 号）
网　　址 / www.jlws.com.cn
版式设计 / 晴晨时代
印　　刷 / 晟德（天津）印刷有限公司
版　　次 / 2020 年 1 月第 1 版　　2020 年 1 月第 1 次印刷
开　　本 / 880mm × 1230mm　1/32
字　　数 / 138 千字
印　　张 / 11
书　　号 / ISBN 978-7-5472-6243-6
定　　价 / 58.00 元

前言 Foreword

历史作为一面镜子，记录着人类社会的成功与失败、兴盛与衰退、辉煌与悲怆、交替与更新，也预示着人类的未来。翻开世界历史厚重的画册，从史前人类的进化到古代文明的萌发，从帝国的兴旺与没落到封建社会的繁荣与鼎盛，从中世纪思想文化的光辉灿烂到资本主义社会科技的突飞猛进，从世界大战的硝烟弥漫到和谐地球村的歌梦同扬……历经沧海桑田，历尽痛苦磨难，人类历史自孤立、分散的人群发展为今天高度和谐的合作联盟体。

哲人培根说过："读史使人睿智。"是的，历史蕴含着经验与真知。学习历史不仅是为了掌握关于过去的一门学问，更不是只为获得展示儒雅、炫耀渊博的一种资本。了解昨天，更重要的是为了把握今天,创造明天,是为了充实自己的头脑,汲取宝贵的人生启迪。

《藏在书包里的极简世界历史故事》作为世界历史的通俗性普及读物，力求将真实性、趣味性和启发性融为一体，并通过科学的体例和创新的形式，全方位、新视角、多层面地阐释世界历史。全书从原始社会、古代文明、中世纪、文艺复兴时期、资产阶级革命、两次世界大战、近代史等部分精彩扼要地勾勒出世界历史演进的基本脉络和发展历程。本书在尊重史实的前提下，以生动有趣的语言讲述了一个个历史故事，通过一个个妙趣横生的历史故事展现五千年的世界风貌，以形象明快的语言描述一个个历史人物，通过一个个栩栩如生的历史人物勾画人类文明发展的轨迹，这些都是本书力求突出的特点。另外，为了使本书有一定的直观性，书中还汇集了大量的珍贵图片，这会使昔日世界的重要场景尽现在读者眼前。

《藏在书包里的极简世界历史故事》通过科学的编排，丰富的内容，精美的图片，全方位、新视角、多层面地讲述了世界历史，使得这一经典读物在真实性、趣味性和启发性等方面达到一个全新的高度。打开本书，翻看那波澜壮阔的历史画卷，让我们反思那一幕幕功与过。

由于编者水平有限，加之时间仓促，疏误之处，敬请各位读者批评指正。

目录

CONTENT

目录 Content

藏在书包里的极简世界历史故事

目录

CONTENT

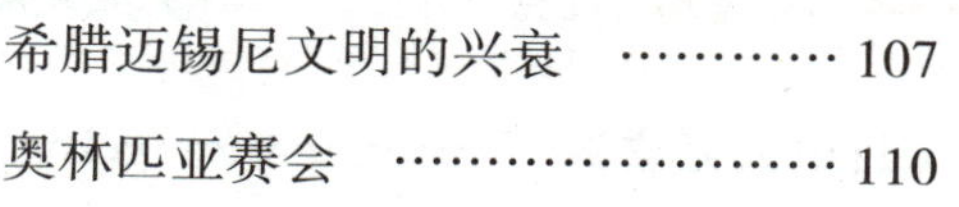

目录 Content

藏在书包里的极简世界历史故事

目录

CONTENT

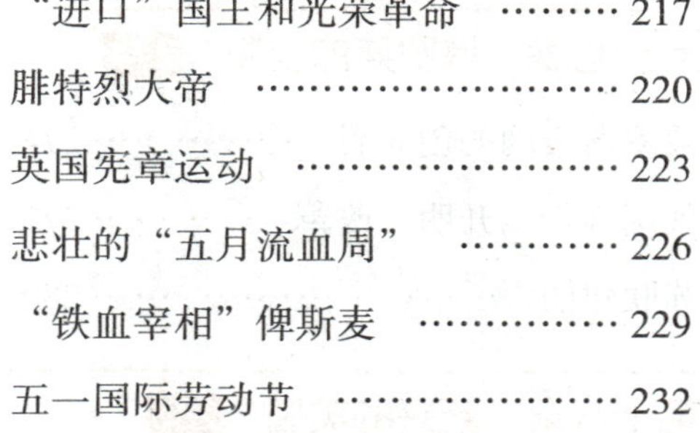

目录 Content

藏在书包里的极简世界历史故事

目录

CONTENT

第一章

原始社会

从猿到人的历史进程

古猿是猿人和猿猴的祖先。猿人有早期猿人和晚期猿人之分，在不同的生活时期，它们有着不同的生活习惯。逐渐地，它们在劳动的时候学会了制造工具，因此，它们便进化为最早的人类。

350 万年前，有一种动物生存在非洲这片肥沃的土地上，那就是猿猴。猿猴的额头向后倾斜，眼眶凸起，鼻子又扁又平，大嘴外凸。这一天，一只猿猴躲在草丛里，机警地看着周围的一切，确保没有什么猛兽后，它才慢慢地走出来。原来它是要去湖边喝水。它把两条前腿放在身体两侧，只用两条后腿行走。湖边的羚羊看了看它，又毫无防备地转过身去饮水了。

正是这只矮小站立行走的小猿猴小心翼翼地走出丛林，去河边喝水，才有了猿到人进化的重要转折点。考古学家们从埃塞俄比亚的土壤里挖出这只南方古猿后，为它取了一个动听的名字——“露茜”。

所谓南方古猿，就是将生活环境从树上变到地面，喜欢用两条腿走路的猿猴。单从外形上看，南方古猿的长相与今天的黑猩猩、大猩猩和狒狒（fèi fèi：灵长类中次于猩猩的大型猴类）没有多大的差别，可是南方古猿由于两足得到了充分的发育，因此能够直立行走。同时，南方古猿拥有灵活的双手，能够用手进行简单的劳动。事实证明，南方古猿已经开启了猿猴进化为现代人的历程。

约公元前 180 万年，南方古猿中产生了新的种类。这种新猿类不仅在体貌上与南方古猿有了很大的差别，而且脑容量也比南方古猿大了一倍。它们身上的体毛变得稀少了，能够更加轻便地直立行走，还能用手灵巧地使用来自大自然的工具。除此之外，它们还拥有了属于自己种族的语言，彼此间能够顺利地沟通。这些新猿类既属于食草类动物，又属于食肉类动物。它们就是“能人”。

最初的“能人”主要为坦桑尼亚“能人”，它们能够巧妙地利用石头做成割食物或削尖木棍儿的工具，可谓最早的“手艺人”。约 150 万年前，出现了“直立人”。其主要代表有中国的“北京人”、印度尼西亚的“爪哇（zhǎo wā：印度尼西亚第四大岛屿）人”、欧洲的“海德堡人”等。“直立人”比“能人”更能适应环境，它们能够用尖锐的木棒攻击野兽，还会使用火。约在十几万年前，“智人”出现了，中国的“长阳人”“丁村人”、德国的“尼安德特人”等都属于“智人”。

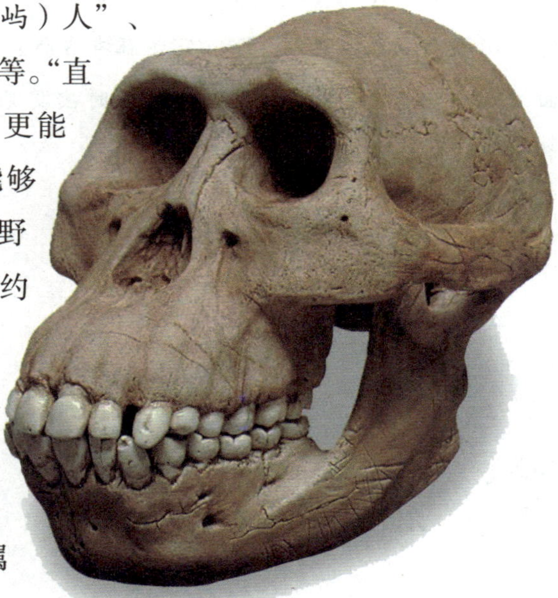

南方古猿头骨化石

“智人”的外形非常接近于“现代人”。所谓“现代人”，就是“晚期智人”。1.8万年前的中国“山顶洞人”和5万年前的法国“克罗马农人”都是“晚期智人”的代表。

猿类为逐渐适应新的生活环境，更新了劳动方式。在劳动的过程中，它们的大脑逐步得到开发，双手变得更加灵活，而且产生了丰富的语言，最终有了我们今天的人类。

历史聚焦 LISHI JUJIAO

猿人骨架为何名为“露茜”？

目前所知，人类历史上最早的祖先名叫“露茜”。它生活在大约350万年以前，被认为是“直立行走第一人”。这具名为“露茜”的骨化石，完整度达到40%。它是在考古队员听着披头士乐队的歌曲《Lucy in the Sky with Diamonds》时被发现的。因此，这具猿人骨架便被命名为“露茜”。

从猿变成人的重要标志

最早的猿类被称为“正在形成的人”，大约形成于新生代第三纪渐新世后期。此时，它们已经出现了手脚分工，并且能够半直立行走。随着不断的进化，猿类开始像人类一样制造工具。

3000万年前，最早的猿类出现了。它们已经可以以半直立状态行走，正在朝着人的方向慢慢进化。

它们的代表是在埃及法尤姆发现的原上猿、埃及猿，以及在法国发现的森林古猿。

在新生代中新世到上新世后期，随着气候的变化，东非、南亚一带的森林面积逐渐缩小，稀树草原和林间空地大量出现。

古猿被迫将自己的活动范围转移到地上。为了适应地面

从猿到人示意图

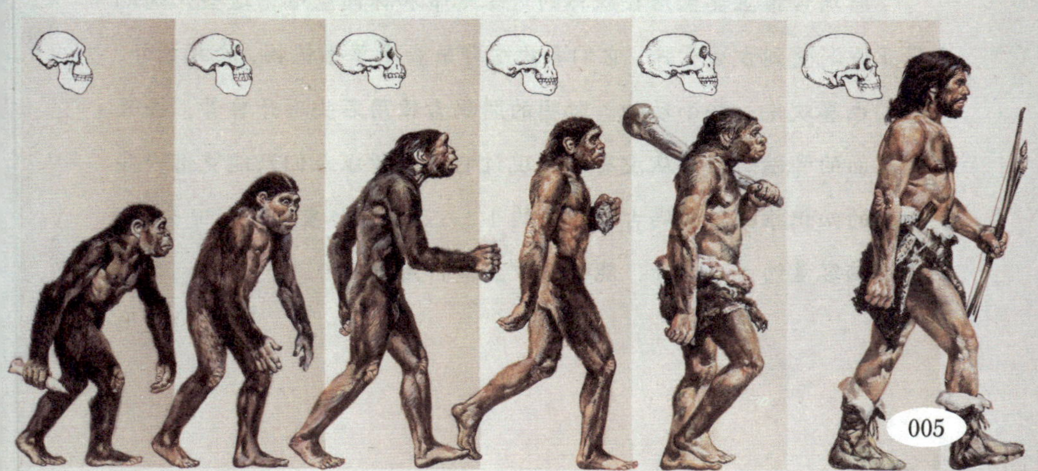

生活，便于寻觅食物，它们渐渐习惯了直立行走，从此开始了由猿向人类的转变。

这一时期的典型（diǎn xíng：具有代表性的）代表是腊玛古猿，它们的生活地点在中国云南的开远、禄丰等地和肯尼亚的特南堡，以及印度与巴基斯坦交界处的西瓦立克山地。

直立行走后，大脑和各种感觉器官获得发展。古猿不但学会了使用天然的石块儿和木棒当工具，在集体劳动中，人们迫切需要表达思想、交换意见，所以最初的语言也产生了，并越来越完善。

经过不断的劳动，千百万年后，古猿的手越来越灵巧，已经可以制造出人工制造工具，工具的出现标志着猿变成了人，人类的生活从此开始了。

历史聚焦 LISHI JUJIAO

腊玛古猿

腊玛古猿主要生活在森林的边缘地带和林间空地，这些开阔地带正逐渐受到古猿青睐。它们喜欢吃野果和嫩草等植物，除此之外，它们也喜欢吃一些小动物。聪明的腊玛古猿用石头砸开兽骨，去吸食里面的骨髓。因为从没有人发现过它们，所以人们只能凭借一些相关的知识推测：腊玛古猿身高约 1.2~1.3 米，体重约 15~20 公斤，平均脑容量约 450 毫升，能够初步直立行走。

旧石器时代文明

人和动物的本质区别在于人能够制造和使用劳动工具。“能人”，作为最早的人类，显然已经具备了这种能力。它们会把木棒削尖，会用石头巧妙地切割食物。那么，除此之外，为了生存，它们还制造和使用了哪些工具和武器呢？

为了和自然界抗争，让自己生存下去，古猿学会了用一些天然的石块儿、木棍儿来打猎、采集和驱赶野兽。这样生活了一段时间后，它们在偶然的机会下看到摔烂的石块儿比天然的石块儿更加锐利（ruì lì：尖锐锋利），于是就从这些碎石中选择一些边缘比较薄的，或是带有尖角的，用来削东西、割兽皮，如果没有找到称心的石头，它们就主动把一些大点儿的石块儿打烂，从而得到想要的石头，这就是人类最早的劳动工具。这些石制工具并没有规范，只是为了符合使用要求，临时制造出来，因此历史学家将它们命名为“旧石器”，而人类的这个生活阶段就被称为“旧石器时代”。

石器时代的石斧

这是一个漫长的历史时期，大约二三百万年前开始，延续

（yán xù：持续、继续）到大约15000年之前。

生活在这个阶段的人类，在生产和劳动上处处受到限制。为了改善这种状况，他们就从附近的河滩或是岩石区就地取材，打磨选中的石块儿，将之做成适合使用的工具或武器。

到了旧石器时代后期，原来的工具已经不能适应新的生产需要。为了改进生活环境，人们逐渐试着制作磨制工具。这是人类对石器制作的改造。

已经具有一定生产经验的人类学会从原生岩层中开采石料，再从中选出适合制作工具的石料，再加工成石器。

因此人类纷纷来到那些石料丰富的山地，对石器进行加工和改造，于是这里就成了早期石器的制造场。

旧石器时期的遗址在欧洲发现得比较多，主要分成早、中、晚三个时期。制作出的石器有刮、钝背刀、雕刻器等。还出现了新的工具，如骨针、鱼叉、投矛器等。装饰品、绘画和雕塑也慢慢出现了。

能人

能人（拉丁文学名:Homo habilis），是人科人属中的一个种，介于南方古猿和猿人之间。它生存在大约180万年前，被认为是灵长目动物里第一种属于人类的生物。1960—1963年，玛丽·利基在东非的坦桑尼亚奥杜威峡谷发现了这种直立猿人。

新石器时代

通过不断的劳动，人类学会了制造石器工具，随后又出现了原始的农业和畜牧业。随着生产力的不断进步，人类又学会了制造陶器，于是人类进入了新石器时代。

在这一时期，磨制石器替代了打制石器，农业的出现更是被看作当时最主要的文明特征。

新石器时代的步伐在世界各地并不一致。

西亚进入新石器时代的时间较早，因此考古工作对于该地区的新石器时代文明研究也更为深入。

西亚是世界最早出现农业和金属器的地方，在世界史上占有重要的地位，对周围地区的影响极大。比如，北非尼罗河流域的新石器文化就受西亚影响颇深，并且这些文化向西传播到欧洲的东南部。

公元前五六千年前，在西亚新石器文化的影响下，中亚正式进入新石器时代。

土库曼斯坦境内的哲通文化是中亚新石器文明的代表，其石器的种类有细石器、磨谷器、磨制石斧等，还出现了素面陶器和彩陶。农业种植上也有不小的进步，小麦和大麦出现在农田里，人们还畜养起了山羊。

大约公元前6000年，南亚次大陆地区也进入新石器时代。公元前4500年前后，古印度出现了陶器，并且人们开始种植水稻和开展畜牧业，当时饲养的动物有山羊、绵羊和牛。公元前 3500 年，古印度进入铜石并用时代。

众所周知，中国的文明起源于黄河流域和长江流域。

早在公元前 5300 年，我国黄河流域的居民就开始种植粟，而水稻的种植可以追溯（zhuī sù：探寻本质或源泉）到公元前 4900 年的河姆渡居民。河姆渡还出现了饲养猪、狗等家畜的文明。中国是世界上种植粟和水稻最早的国家。

2012 年发现的中国江西仙人洞文化的陶器罐碎片，大约烧制于公元前 20000 年至公元前 19000 年，由此可见，我国文化具有悠久的历史。

此外，美洲也是农业重要的起源地，玉米、南瓜和马铃

新石器时代的陶瓷

薯等农作物都发源于此，南美印第安人还是最早驯化出驼马和羊驼的人。

厄瓜多尔和哥伦比亚等地大约在公元前3000年至公元前2500年才开始出现陶器。

狩猎和采集是原始的大洋洲居民的经济支柱，他们的陶器文化是由殖民者带入的。

打制石器和种植薯芋是新石器文明在非洲中南部的主要体现。虽然各地进入新石器时代的时间不一样，但都是在旧石器时代基础上的一大进步。农业的发展更是丰富了人类的日常生活，新石器时代为人类带来了更加清晰和具体的历史。

我国粟类种植遗址

考古学家在陕西省西安市的半坡遗址种发现了当时人类种植的粟类谷物。粟，就是我们现代人吃的小米。仅仅在半坡氏族生活的一个洞穴中，就发现了数斗腐烂的小米谷皮。考古学家还在一个小小的陶罐中发现了完好无损的粟类谷物的皮壳。除此之外，部分出土的农具也是很好的证明，比如，各种各样割谷穗用的刀子，有长方形的，有跷脚梯形的，等等，这些都是粟文化极具代表性的工具。

火的认识和使用

火给人类带来了光明和温暖，也被用来加工食物。100 多万年以前，火的使用大大改善了人类的生活状况，人工取火的发明给人类带来了翻天覆地的变化。

远古时期，火被人类看作神的恩赐（ēn cì：施予，施舍），因此人们对火满怀敬畏，由此产生了不少和火有关的传说，其中最广为流传的是普罗米修斯盗火种的故事和中国燧人氏钻木取火的传说。

据说人类在没有火种的时候，他们向神祈求，请其赐予光明。于是，宙斯答应给人类火种，但是作为交换，人类要给他献祭一头牛。在给宙斯献祭的时候，普罗米修斯将牛分成两部分，一部分是生牛肉，另一部分是牛皮、牛油和牛骨头。

宙斯对此大为恼火，因此改变了主意，不再将火种赐予人类。而普罗米修斯为了得到火种，冒着生命危险从太阳神阿波罗处盗取了一个火种。宙斯知道这件事后，命令普罗米修斯归还火种，但是遭到了普罗米修斯的拒绝。为了惩罚他，宙斯用铁链将普罗米修斯缚在高加索山的悬崖上，普罗米修斯受尽折磨。

钻木取火的故事讲的是：在中国旧石器时代初期的河套附近，燧人氏靠打猎维持生存。一天，他在用石块儿打击野兽的时候，石块儿撞到山石，撞出几点火花。

受到启发的燧人氏就尝试用一根尖尖的木棍儿在另一块木头上使劲儿地钻，果然钻出了火花。

他又用两块石头相互敲打，也迸发出了火花。就这样，经过不断的尝试，燧人氏终于获得了人工取火的方法。

从这两个传说中，我们看出了火对人类的重要性。在没有掌握火的使用方法之前，人类和其他动物一样，对火非常害怕。后来，人们有一次在森林大火之后，发现了被火烤熟的动物，尝了尝味道，觉得比生肉要好吃得多，于是他们喜欢上了这种吃法，但是自然火并不常有。所以，在遇到自然火的时候，人类就小心地把火种保存下来，不过这种方法也不保险，火种总是因为各种原因而熄灭。

钻木取火生活场景

燧人氏钻木取火雕像

后来人们发明了人工取火的方法，这种情况才得到改善。

根据考古发现，“直立人”已经学会保存火种，到了“智人”时期，人类学会了人工取火。

人们用火驱赶野兽，烧制食物，取暖照明，人类还学会了用火烧制陶器。可以说，火的使用推动了人类文明的发展。

历史聚焦 LISHI JUJIAO

西方神话中的宙斯

宙斯，希腊神话中的主神，在罗马神话中被称为朱庇特。他是第三任神王，是希克洛诺斯和瑞亚的孩子，负责掌管天界大事。宙斯生性好色，和许多不同的女人都生下过孩子，比如奥林匹斯中的许多神祇和许多希腊英雄都是他的孩子。他用雷电维持着天地间的秩序，用公牛和鹰作为他的标志。他的妻子名叫赫拉，他的一个兄弟波塞冬掌管着海洋，另一个兄弟哈迪斯掌管着地狱。

第二章

文明的曙光

原始人开始学会建造房屋

人类社会从住山洞，到住房屋，发生了巨大的变革。随着生产力的不断进步，人类在旧石器时代晚期，就已经开始学会了建造能抵御烈日和严寒的房屋。

原始人长期居住在天然的洞穴里，至旧石器时代晚期，随着生产力的提高，人们才开始建造夏避烈日、冬避严寒的房屋。这一时期的壁画有房顶支架的画像，多为“个”字形，少数是拱券式的。距今 2.5 万至 2.9 万年的捷克多尔尼·维斯顿遗址是用石头、支柱和兽皮建造的棚帐式建筑群。有猎物宰割场，旁边有古象堆，估计常住人数 100 人。在这里，人们发现了成套的石器、骨角器、装饰品、动物烧像、骨笛和女雕像等，这里可能是早期母系氏族的住所。在顿河上游的加加里诺，人们发现了一处 2 万至 3 万年前的房址。房屋近似圆形，直径 5 米多。屋地稍低于

原始社会房屋

周围地面，铺石灰岩石板。屋顶为锥形，以树干为架，上面覆盖树枝、兽皮。在波兰克拉科夫附近，人们发现了 2 万年前用猛犸（měng mǎ：带毛的大象）骨骼搭成的小屋，呈圆拱形，直径 2 米；在西伯利亚马理他遗址，有用石板和大块兽骨搭成的房屋。房屋的建造说明人类已有了稳定的社会组织，可以凝聚（níng jù：积聚、聚合）成更大的力量与自然界抗争，逐渐成为自然界的主宰。

石灰岩

石灰岩是一种碳酸盐岩，简称灰岩，主要成分是方解石。它主要形成于浅海环境，按结构构造，可划分为竹叶状灰岩、鲕粒状灰岩、豹皮灰岩、团块状灰岩等，按成因，可划分为粒屑石灰岩、生物骨架石灰岩和化学、生物化学石灰岩。由于石灰岩的主要化学成分是 $CaCO_3$，易溶蚀，因此，石灰岩地区多形成石林和溶洞，被称作喀斯特地形。炼铁和炼钢的熔剂，以及烧制石灰和水泥的主要原料都是石灰岩。

民族的诞生

在《家庭、私有制和国家的起源》中，恩格斯提出：民族的产生是人类在原始社会末期私有制、阶级及国家出现的必然结果，且伴随着这些新的社会形态而诞生的。原始社会末期，人类生产力得到进一步发展，因此大家劳动所得的剩余产品也就越来越多了。为了争夺剩余产品、奴隶、土地等私有财产，部落间不断进行战争。因此，为了提高战斗力，许多具有亲缘的部落或地域上相邻的部落便纷纷结成联盟，形成了部落联盟。部落联盟进一步扩大，就出现了一些彼此对立的阶级或国家。民族就是在这种历史趋势下诞生的。

所谓民族，就是以血缘关系为基础形成的民族或部落为单位，这些单位相互联合，形成具有地缘关系的人们的共同体。它和种族不同。种族就是“人种”，即以人的外形特点上的相似性遗传特征为标准，从生物范畴上划分出来的人类类别。因此，一个种族的人可以分布于世界各地，存在于不同的民族之中。当然，民族和国家也不一样，国家是阶级统治的工具，统治机构及其代表。

从其诞生至今，民族经历了奴隶社会、封建社会、资本主义社会、社会主义社会等社会形态的变革，已经由古代民族变成了现代民族。由此可见，民族是会发生改变的。民族融合是民族发展和改革的主要形式。什么是民族融合呢？它是不同民族的人生活在一起，进行彼此的交流、沟通，从而消除掉本民族的一些特征，与此同时，增长出新的彼此共同

的文化特征，从而形成新的民族的过程。民族融合需要很长时间，其进程是自然而缓慢的。它体现了不同民族间问题的产生、发展和消亡的过程，这是历史的必然趋势（qū shì：事物发展的动向），也是最为自然的民族变革过程。

然而，对于民族的理解，世界各地存在不同的观点，因此对于民族的统计标准也没有统一。以苏联科学院民族学研究所 1975 年提供的民族统计数据为参考，当今世界大概有 2000 个民族，这些民族大小不同，其中有 7 个民族的人口数量超过一亿，其人数总和占世界总人口的 42%。当然，还有一些民族的人口非常少，比如印度尼西亚的托瓦拉族、印度的安达曼族和明戈比族等，其人口数量只有几百，甚至几十人。

原始社会生活场景图

原始社会生活场景图

历史聚焦 LISHI JUJIAO

奴隶的由来和演变

奴隶通常指没有人身自由、被他人任意驱使（通常是奴隶主）和控制的人。奴隶是战争、犯罪、破产、血统等的产物，他们可以被当作劳动工具，甚至可以被当成一种有价值的货物进行赠赐和交易。奴隶也可以通过逃跑、赎身、立功等方式变回自由人。随着社会和时代的进步，奴隶已经远远超出先前的原始范畴，逐渐地引申为：由于受制于某种事物或者行为，而丧失了独立自主、自由支配的能力，活在一个被“奴役”的现状之中。

塔德拉尔特·阿卡库斯石窟

塔德拉尔特·阿卡库斯石窟隐藏在塔德拉尔特·阿卡库斯的群山中。石窟中优美的壁画被封存了上千年，向众人展示了1万多年前的生活场景，有力地证明了古代敦煌灿烂的文明。

塔德拉尔特·阿卡库斯高原位于撒哈拉的中心，加特城东部，面积为250平方千米。这片荒漠因为罕有人至，所以直到20世纪，人们才发现了这些石窟。通过种种的研究，科学家很快有了各种发现，他们出土了大量文物，发现这种风格的壁画和雕件几乎遍布整个塔德拉尔特·阿卡库斯山区。当地居民在这里经历了漫长的史前时期，他们的文化习俗都被记载在了这些壁画里。

有些壁画上还生动地展示了古气候在沙漠的入侵下是如何变迁（biàn qiān：情况的变化转移）的。

还有一些岩石的表面绘制着热带草原的动物图案，这些图案大约绘于公元前1.2万年。在图案中，还有不少当时地中海地区的人像，他们长着圆形的头部，分不清男女，图案被染成黄色、绿色、红色及黑色，这说明人类在公元前1.2万多年就已经使用炭黑了。

图像上绘制着公元前1500年前古加达梅斯部落的生活场景。

从1955年起，意大利和利比亚的联合科考团在法布里西

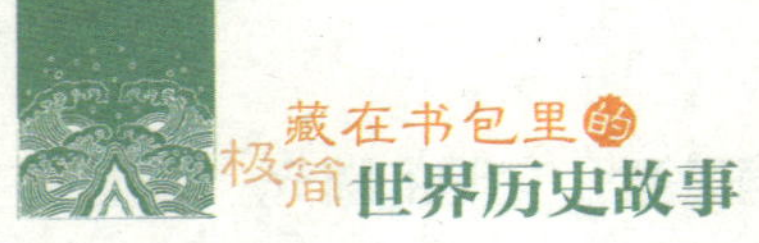

奥·莫里和保罗·格拉西奥西等专家的主持下，开始对百余个石洞进行清点，发现了数百幅不同时期的雕刻画和数千幅绘画，还有不少石制和陶制物品。这些文物以不同的风格将当地物种和居民的生活方式因气候的演变而发生巨大变化的过程记录了下来。

这些壁画吸引了许多欧洲科学家前来考察，弗布瑞兹·莫瑞教授明确地将塔德拉尔特·阿卡库斯地区的历史遗迹分成了各个不同历史时期。

约公元前 12000 至公元前 8000 年是“自然主义时期”，这一时期的壁画雕刻了许多大型草原哺乳动物，如大象、犀牛和长颈鹿等。

阿卡库斯石窟

公元前 8000 至公元前 4000 年是“圆头时期”，画面中多了一些湿润气候带所特有的动物群和一些魔幻宗教场面。

公元前 4000 至公元前 1500 年是“放牧时期”，洞穴的墙面上使用了不少牛群作为装饰。这一时期的雕刻和绘画是最多的，也是最重要的。

公元前 1500 年前后是“马时期”，某些物种因为半干燥的气候而灭绝了，不再出现在画面上，这一时期出现了驯马。

“骆驼时期”是最后一个时期，日益沙漠化的环境，让单峰驼成了石窟画的主角。

1985 年，联合国教科文组织世界文化与自然遗产委员会将塔德拉尔特·阿卡库斯石窟岩画列入《世界遗产名录》。

撒哈拉沙漠

撒哈拉沙漠东西长约 5600 千米，南北宽约 1600 千米，总面积约 9065000 平方千米，是世界上面积最大的沙漠。它横贯整个非洲大陆的北部，约占非洲总面积的 32%。撒哈拉沙漠气候极端恶劣，极度不适合动植物的生存。

阿尔塔岩画

早在石器时代的早期，人类就在阿尔塔镇生活了，并在那里留下了很多的遗迹。那么，当时人类的生活状况究竟是怎样的呢？

1973年，位于挪威北部的北极圈内的阿尔塔岩画被人们发现了，这座遗址包括四个岩刻点和两个崖画点，岩画规模宏大，内容丰富，记录了当时人们的狩猎生活。

绝大多数的岩石上都雕刻着捕鱼、狩猎、航海等活动，还有不少鹿、驼鹿、熊、天鹅等动物的形象和一些小帆船的图形。在总计3000多幅岩画中，有15幅岩画的历史超过2400年，最高的岩画有26米。

岩画中频繁出现猎熊的场景，这大概是因为熊除了是猎取的对象，也是古人崇拜的对象。

到了公元前1700年，当地人的宗教信仰发生了变化，熊不再出现在岩画里。

据研究，这是世界上最早的石窟岩画艺术群之一。从这些岩画中，人们能了解到史前北极边缘地区人类的生活和宗教情况。这些岩画可以说是开启古代岩画艺术的一把钥匙。

阿尔塔的岩画都具有一定的象征意义，比如船象征海难，鱼象征渔业，人象征消灭敌人。

此外，考古学家还在遗址附近的地区挖掘出不少工具和原料，很可能就是雕刻这些岩画的用具。

人们认为，这些岩画是挪威北部的猎人和渔民雕刻出来的，他们使用石头和动物的角做成的锤子，和用石英等尖硬的石头和动物的角做成的錾子（zàn zi：金属的小凿子），在岩石表面刻下图案的轮廓（lún kuò：物体的外周或物形的外框），再把涂料涂在上面。

峡湾末端集中着一些直接刻在岩石中的画，这里是内地和海边居民交换信息、举行隆重宗教仪式的地方。

阿尔塔岩画见证了史前北极边缘地区人类的生存与活动状况。为了对这些岩画进行统一管理，挪威政府专门设立了阿尔塔博物馆。

德国旅行家利奥波德曾这样赞美阿尔塔岩画：“在阿尔

阿尔塔岩画

塔，庄严的、荒芜的东西随处可见，既让人迷惑，又充满魅力。当荒芜的、狂暴的大自然在北极圈内横行的时候，绿油油的阿尔塔村庄是旅行者舒适的藏身之处。如果你来到这里，就会发现阿尔塔是你心中的绿洲！”

1985 年 12 月，该遗址被联合国教科文组织列入《世界文化遗产名录》。

北极圈

北极圈，即北纬 66°34’，与黄赤交角互余。它是北寒带与北温带的分界线，其中北冰洋占据了它的大部分。此外，格陵兰岛、北欧和俄罗斯北部，以及加拿大北部都在北极圈内。在北极圈内众多的岛屿中，最大的是格陵兰岛。极度严寒的气候条件不适宜大部分生物的生存，因此北冰洋区域内的生物种类很少。树木稀少，植物主要是地衣和苔藓。我们所熟知的动物主要有北极熊、海豹、鲸鱼等。

早期城邦

在《荷马史诗》中，“城邦”的意思是堡垒或卫城。同“乡郊”相对的城邦被雅典人称为“波里”，它在古希腊文化中指的是独立的小国。

一个城邦大约相当于一个城市控制的区域，每个城邦都有自己的主权。历史上出现过不少城邦，如雅典、斯巴达这些古希腊城邦和推罗、西顿这些腓尼基城邦，还有中部美洲的玛雅城邦，都是大文化圈的一部分。

这些城邦虽然负有盛名，但是存在的时间都不长，它们领土狭小，实力不强，一旦遇到外敌，很快就被攻破。这些小区域组织的存在阻碍了大国稳固的势力，因此其被大的社会体系融合是必然的。

美索不达米亚平原的尖塔的清真寺

首批国家产生于公元前4000年至公元前3000年期间，它们在美索不达米亚、古埃及与印度河谷相继出现。美索不达米亚至今还存

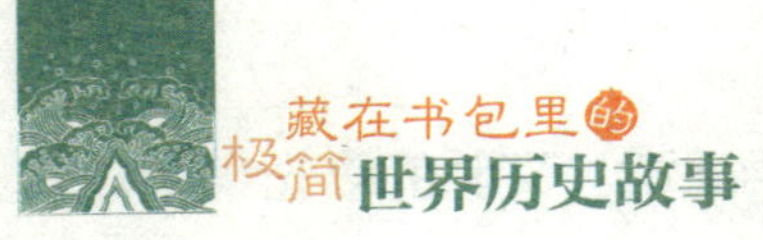

在不少著名的城邦国家。

情况比较特殊的古埃及是先有国家，没有城镇。但是在国家形成后，城镇便很快地冒了出来。

印度河谷文明却独具特性。在通常意义上，一个国家必须拥有军队作为保卫国家领土的机构，官僚机构负责维持军队，但是印度河谷处的国家却找不到曾经拥有军队的证据。作为人类最古老的文化摇篮之一的美索不达米亚，在公元前4000年前已经比较发达，其文化发展的主要基础是灌溉农业。苏美尔、阿卡得、巴比伦、亚述等文明都曾再次出现，可以肯定，美索不达米亚是最早的城市起源。

居民的居住地址因城市的出现而发生了巨大的变化。

最先变化的是由村而镇，然后由镇而小城市，继而变化就更大了，由小城市而大城市。

埃及吉萨狮身人面像

这种变化不仅体现在人口数量的增多上，更主要体现在居民的关系上。

在这个时期，苏美尔的一个城市，就是一个国家，这种国家被我们习惯性地称为城邦。这种城邦到底是怎样的结构呢？原来，为了防止邻邦和游牧民族的侵袭（qīn xí：侵入袭击），每个重要的城市周围都修建了保卫城市的巨大城堡，城墙的外面是灌溉水道，村庄散布在城堡外面。后来，这种城市日渐扩大范围，到了早期王朝的后期，一些位于美索不达米亚下游的重要首都，居民数量和城堡面积都大大提高。

随着历史的推进，早期城邦文明逐渐衰落瓦解或是过渡到王国、帝国，陆续出现了一些著名的古代大帝国，例如罗马帝国、秦帝国、孔雀帝国与波斯帝国。

历史聚焦 LISHI JUJIAO

《荷马史诗》

相传《荷马史诗》是由古希腊盲诗人荷马创作的，它是长篇史诗《伊利亚特》和《奥德赛》的统称。《荷马史诗》是古希腊文学中最早的一部史诗，它内容详实多样，备受人们的欢迎，且影响力巨大。其中的故事情节和人物形象为欧洲后来的叙事诗提供了经典的范例和丰富的素材。

“肥沃月湾”的农业文化

“肥沃月湾”具有极为丰富的资源，使生活在这里的人们越来越富有。于是，大约公元前 1.5 万年前，这里便出现了最早的城镇。后来，周边地区不断受到“肥沃月湾”农业模式的影响，逐渐安纳托利亚高原成为当时世界上最有创造力的地方。

随着地球气温和湿度的升高，从公元前 1.5 万年开始，在北到叙利亚沙漠，南到美索不达米亚平原，包括波斯湾及地中海沿岸这片地域上生长着丰富的植被(zhí bèi:覆盖地表的植物群落的总称)，还有许多可供驯养的野生动物，其资源十分丰富，因此被人们誉为“肥沃月湾”。公元前 1 万年左右，原本依靠捕鱼、打猎和采集维持生存的叙利亚巴勒斯坦地区的纳图夫人在这里创建了露天村落，农业、畜牧业，还有磨制石器随之诞生。

生活在“肥沃月湾”地区的人们通过耕种获得了丰富的食物，剩余的食物也日益多了起来。人们不仅可以储存一些食物，而且可以出售多余的产品，以获得更多的劳动工具。随着商品交换的增多，农业和手工业快速发展，农耕者和手工艺人的财富日益增多。因此，越来越多的人开始修建更加宽敞的房子，这些房子聚集在一起，就形成了最初的小城

燧石刀

镇。死海北部的温泉旁的杰里科是该地区最早的城镇，该城镇的居民利用周边环境，进行放牧或耕种，变得更加富有了。在杰里科的影响下，“肥沃月湾”地区出现了其他的城镇。

最初，“肥沃月湾”地区的人们所种植的小麦种子属于野生的，这种麦子的颗粒总是在人们收获前就掉落了，因此农民们的收成非常少。后来，大家发现了另一种小麦，这种小麦的颗粒可以等到收获时才脱落，于是就纷纷种起这种小麦，这就是最初的人工培育（péi yù：培养幼小生物，使其发育成长）的单粒小麦。

在驯养动物方面，“肥沃月湾”地区的农民会挑选一些容易繁殖和好驯化的动物进行培养。这些动物往往在体形上

原始社会房子

和与其相似的动物相比较小。或许正因如此，它们的攻击性才不会那么强，也比较容易驯化。这些被选出来的动物往往具有肉质鲜美、奶水多等特点。由此可见，“肥沃月湾”地区的农民在发展畜牧业上的智慧是非常令人钦佩的。

公元前6000年，“肥沃月湾”地区便出现了陶器，这里的经济模式对野生谷物地带产生了巨大的影响。当时的安纳托利亚高原是当之无愧的世界最有创造力的地区，这就是今天著名的美索不达米亚平原的前身。

小麦

小麦发源于中东“肥沃月湾”地区，人们最早栽培的农作物中便有它的痕迹。它是小麦系植物的统称，一种禾本科植物，广泛种植在世界各地。小麦是人类的主食之一，磨成面粉后，可制作各种面食，比如面条、馒头、面包等；发酵后可酿成各种酒水，比如啤酒、伏特加等。小麦含有丰富的蛋白质、钙、铁、维生素Ā、及维生素C，等等。

两河流域文明

苏美尔早期王朝

人类文明最早发源于两河流域，人类在这里留下的足迹可追溯到公元前4300年，一直到公元前2372年左右。在这段时期，苏美尔地区经历了欧贝德文化时期、乌鲁克文化时期、杰姆代特奈斯尔文化时期和奴隶制城邦的鼎盛时期等，它从村落到城镇，从城邦到国家，直至苏美尔王朝的灭亡。从公元前4300年直到公元前3500年，两河流域处于从母系氏族向父系氏族过渡的欧贝德文化时期。该时期的两河流域北部为阿卡德地区，南部为苏美尔地区。

欧贝德文化时期的苏美尔人在人工灌溉农业方面的发展非常快，以至于促使了农牧业的分工和长途贸易的兴盛，公社成员间的分化速度也在加快，这些都成为文明发展的基础。

古代苏美尔人的石雕艺术

公元前3500年至公元前3100年，被称为乌鲁克文化时期。在此期间，苏美尔地区出现了零星的小城市和规模较大的神庙建筑。到了后期，文字和标明所有权的陶制圆筒印章就出现了。公元前3100年至公元前2900年为杰姆代特奈斯尔文化时期，苏美尔人在此阶段，不仅生产技术得到了巨大的发展，而且使文字普及开来。此外，该时期很有可能已经形成了以神殿为中心的城邦。

古代苏美尔人的石雕艺术

公元前2900年左右，苏美尔人迎来了奴隶制城邦的鼎盛时期，城邦国家林立于苏美尔地区。这是一些由中心城市与附近农村公社共同组成的小国家。神庙是这些城邦国家的中心，每个国家都拥有城墙和王宫。每个国家都分为统治阶级和被统治阶级，前者主要为贵族、奴隶主，后者包括奴隶、手工业者和公社的普通成员。

与此同时，这些城邦国家为了争夺财富而彼此争战，形成了“诸国争霸”的局面。其中，基什在早期王朝中期的时候一度有可能成为苏美尔地区的霸主。乌尔是公元前2700年至公元前2600年的一个较强盛的城邦国家。这可以通过乌尔王陵墓中那些数量众多的殉葬者、奢华（shē huá：奢侈浮华）的随葬品得到印证。

相比较基什、乌尔，以及同时期该地区其他的城邦国家，拉格什的国家历史则较为清晰。

这主要归功于考古学家在拉伽什王室发现的铭文，它详细地记载了从公元前2500年到公元前2350年的一百五十年间所有的拉伽什国王和相关历史事件。

公元前2371年左右，拉伽什最终被乌玛王卢伽尔萨吉西消灭，在位仅6年的乌鲁卡基那被杀。卢伽尔萨吉西成功地消灭了拉伽什王朝，又占领了包括乌鲁克在内的50个城邦，建立了苏美尔国家，他自称乌鲁克之王，定都于乌鲁克。随着乌鲁卡基那的被杀，其改革运动也就此终止。

后来，北部的阿卡德人消灭了卢伽尔萨吉西，结束了苏美尔早期王朝。随后，阿卡德王国统一了南部的两河流域诸国。

乌鲁克

乌鲁克位于美索不达米亚西南部，幼发拉底河下游右岸，是苏美尔人建立的古城，位于今天的伊拉克。远古时期的苏美尔人就在那里建立了乌鲁克文化，当时那里的人们已经开始制造铜器和陶器，并建造大型建筑物。尤其是当时创造的图画文字就是楔形文字最早的雏形，因此，乌鲁克渐渐成为早期的国家和宗教的中心，甚至在公元前24世纪时，还成为乌玛王国的首都，后来被阿卡德王国并入。

盛极一时的阿卡德王国

虽然阿卡德人和苏美尔人共同居住在两河流域，但是前者的发展步伐却远远落后于后者。当前者尚且处于氏族和部落初期的时候，后者早已进入了文明时代。因此，在苏美尔人眼中，阿卡德人就是典型的“乡下人”。可是，谁能料到，就是这不起眼的“乡下人”，却最能统治了自以为是的苏美尔人。

公元前3000年左右，阿卡德人来到两河流域，并开始在北部定居下来，他们的祖先是闪米特人，从此，阿卡德人与两河流域南部的苏美尔人成为邻居。随着时代的发展，几百年后的阿卡德人变得越来越贪婪（tān lán：贪得无厌，不知足）。他们在苏美尔文化的影响下，学会了车轮的使用方法，并且开始组建战车方队，为后来占领苏美尔地区打下了坚实

古代苏美尔人的石雕艺术

的基础。

约公元前 2371 年，乌玛国王卢伽尔萨吉西统一了苏美尔地区多数的城邦国家，建立起早期的苏美尔王朝。可惜这个王朝的根基还没扎稳，就被阿卡德人萨尔贡消灭了。

因为阿卡德人的文明远不及苏美尔文明，所以，虽然阿卡德人在军事上取得了胜利，却在文化上屈服于苏美尔文化，接受了包括宗教、文字等在内的所有苏美尔文化。

萨尔贡去世后，他的儿子里木什继位，此时全国各地都发生了暴乱，尤其是苏美尔地区爆发了大规模的起义运动，对阿卡德王国统治造成了极大的威胁（wēi xié：威逼胁迫）。于是，里木什的哥哥玛尼什吐苏一方面发动了对波斯湾沿海国家的侵略战争，成功地同马干（阿曼沿海地区）、梅露哈（古代印度）及狄尔蒙（巴林及波斯湾西部沿海）建立起了海运贸易关系；另一方面，又制定了一系列法律条文，同意各城邦具有一定的独立自主权利，以缓解国内的阶级矛盾。

阿卡德王国早期的青铜像

后来，玛尼什吐苏的儿子纳拉姆辛成为国王，在位

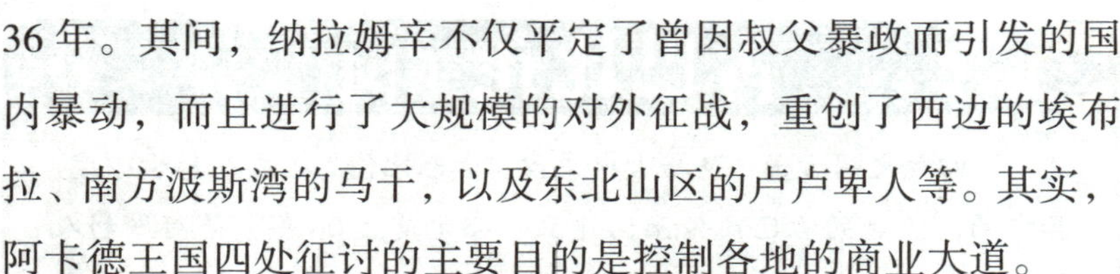

36 年。其间，纳拉姆辛不仅平定了曾因叔父暴政而引发的国内暴动，而且进行了大规模的对外征战，重创了西边的埃布拉、南方波斯湾的马干，以及东北山区的卢卢卑人等。其实，阿卡德王国四处征讨的主要目的是控制各地的商业大道。

阿卡德王国的历代国王都野心勃勃，好征战，应运而生的国王颂赞快速发展起来，雕刻艺术也得到极大发展。

可是，阿卡德王国的辉煌历史却是短暂的。纳拉姆辛刚死，就发生了宫廷政变，他的儿子沙尔卡里沙里的王位被推翻。公元前 2230 年左右，古提人消灭了盛极一时的阿卡德王国。由此，《苏美尔王表》里才有了“谁是国王，谁不是国王”的悲叹。随后，苏美尔人所建立的城邦国家又陆续复兴。最终，乌尔城邦崛起，建立起了一个完全属于苏美尔人的王朝。

LISHI JUJIAO

《苏美尔王表》

《苏美尔王表》是一份用苏美尔语书写的古代文献，到目前为止，一共发现了 16 份，内容大致都一样。它是在美索不达米亚地区发现的，是世界上现存的最完整的《王表》。书的名字是现代学者起的。《王表》上清楚地写出了历代统治者的名字和相应的统治时间，表中说，“王权”来自于上天，它可以从一个城市转移到另一个城市。书中早期的君主大部分都是神话人物，后期的君主则主要是历史中的人物，但是无论哪个君主，书中的统治时间都写得很长。

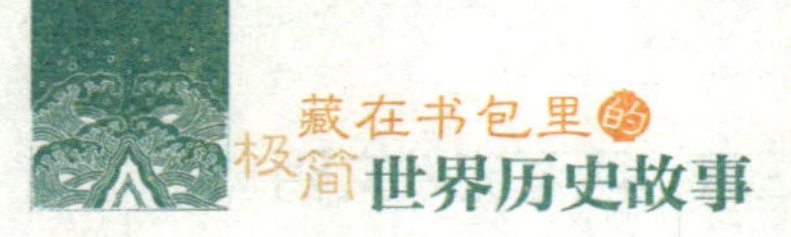

古巴比伦王国

“四大文明古国”包括古代中国、古巴比伦、古埃及和古印度。其中两河流域的古巴比伦王国建立于公元前2006年，是阿摩利人推翻了乌尔第三王朝，建立了这个新的国度。

巴比伦最开始只是幼发拉底河边的一个小城市，它默默无闻，很少有人知道。公元前2200年前后，阿摩利人占领了这座小城市，并建立了国家。从此，阿摩利人以此为根据地，四处征战，最终建立了一个强大的巴比伦王国。历史上把它称为“古巴比伦王国”。阿摩利人也因此被称为巴比伦人。

两河流域历史上最辉煌的时期就包括古巴比伦王国时期，汉谟拉比是这个国家最著名的国王。他自称为“月神的后裔”。他统一了两河流域，并建立了一个中央集权的专制国家。为了维护统治，他还颁布了《汉谟拉比法典》。该法典原文刻在一段高2.25米，上周长1.65米，底部周长1.90米的黑色玄武岩石柱上，因此又称为“石柱法”。它是最具代表性的楔形（xiē xíng：笔画呈楔状，颇像钉头或箭头）文字法典，也是迄今世界上最早的一部完整保存下来的成文法典。《汉谟拉比法典》消除了当时原来各城邦的立法，把全国的立法真正地统一了起来。

古巴比伦在农业生产技术上也很发达，灌溉技术在这个时期得到了很大的发展，扬水工具也被加以改进。此外，人们还改进了耕犁（gēng lí：耕地的农具），并为它附设了播种漏斗。青铜冶炼技术也大大提高，青铜工具得到广泛使用。缝纫、冶金、皮革、造船和建筑等行业的出现可以证明当时手工业的分工已经相当细化。

随着农业和手工业的飞速发展，古巴比伦王国国内外的商业贸易发展也十分迅猛。巴比伦、西帕尔等城市都是重要的商业中心，其中，国内外的大宗贸易被王室经济的商业代理人所垄断。此外，奴隶主也大批地参与到商业经营中来。

巴比伦时期，农村的土地可以买卖、抵押、转让和继承，其中长子的继承份额甚至可以达到双份。那些土地的拥有者必须向国家缴纳租税，缴纳金额约占收获总额的 1/10~1/4。

古巴比伦城堡遗迹

另外，青壮年还需要服劳役和兵役。

古巴比伦时期的数学和天文学也十分发达，他们当时采取的计数法是十进位和十六进位法。十六位进位法被广泛地用于计算周天的度数和计时，这个计数法到今天还在全世界广为沿用。在代数领域，可以解开含有3个未知数的方程式。

尽管古巴比伦的文明已经相当发达，可是他们的国家并不稳定，外族入侵成为对这个国家最大的威胁。公元前16世纪中叶，古巴比伦在赫梯人的攻打下灭亡了。

古巴比伦社会等级

“阿维鲁”是上层社会的统治者，他们掌有政权，具有绝对的自由，下层主要是纳税、服兵役和服徭役的士兵和自耕农。“穆什根努”依附于王室，他们手中没有权利，却享有自由。除此之外，这样的依附阶层还有许多。“瓦尔都”（男奴）和“阿姆图”（女奴）属于奴隶阶级。

汉谟拉比的统治

世界上最早的，也是保存最完整的一部法典，名叫《汉谟拉比法典》。它是由古巴比伦王国的第六位国王汉谟拉比颁布的，所以被称为《汉谟拉比法典》。

公元前2006年左右，阿摩利人在乌尔第三王朝灭亡之后，入侵到土地肥沃的两河流域，并定居下来。他们在接受先进的苏美尔·阿卡德文明的同时，也不断将新鲜血液注入进去，推动了它的发展。经过几百年的时间，阿摩利人建立了玛里、伊新、拉尔萨等一系列城邦，巴比伦也是其中之一。不过在汉谟拉比之前，巴比伦不过是一个微不足道的小城邦。

公元前1792年，汉谟拉比从其父王辛·穆巴利特手中接过权力，成了巴比伦王国的第六任国王。继位以后，为了实现统一各城邦的决心，他制订了雄心勃勃的征服计划，不但兴修水利，奖励商业，而且建立了强大的军队。巴比伦在汉谟拉比的统治下，逐渐成为一个强国。

美索不达米亚的石雕艺术

当时，美索不达米亚平原城邦众多，为了争夺富饶的农田，城邦之间经常开战。

公元前1766年左右，埃兰王国为了掌控穿越扎格罗斯山脉的重要商路，对美索不达米亚平原的其他城邦发动了入侵。当埃兰凭借强大的实力试图离间（lí jiàn：指从中挑拨，造成分离）巴比伦王国和拉尔萨王国的时候，汉谟拉比识破了敌人的诡计（guǐ jì：欺诈的计谋、狡诈的计策），和拉尔萨国王结成联盟，打败了埃兰人。之后，汉谟拉比因为拉尔萨在战斗中并没有出多少力而感到十分愤怒，于公元1763年南下，征服了拉尔萨，从而统一了两河流域下游。

之后，汉谟拉比陷入动荡之机，挥师北上，征服了北方的其他城邦。经过几年的征战，汉谟拉比终于统一了两河流域的大部分地区。

此后，为了表示对神的敬畏和显示自己的高贵，汉谟拉比决心用正义的法律来管理自己的土地。这样，人类历史上第一部成文法《汉谟拉比法典》就诞生了。

两河流域

两河流域指的是亚洲西南部的幼发拉底河和底格里斯河流域，是世界上最早出现文明曙光的地方。幼发拉底河和底格里斯河的中下游地区土壤肥沃，地势平坦，适宜农作物的生长。

这块风水宝地被古希腊人称为“美索不达米亚”，意思是河间之地，他们就是在这里创造了璀璨的文明历史。

绚烂的两河流域文明

古巴比伦作为四大文明古国之一，其诞生地为幼发拉底河和底格里斯河的两河流域。其实，从公元前三四千年起，两河流域就不断地出现了国家。国家间的频繁更替，为两河流域带来了灿烂多样的文明特征。

早在公元前4000年左右，当两河流域还处于原始社会解体时期时，苏美尔人就在这里留下了文明的足迹，他们来自东部山区，擅长陶器制造，使用楔形文字。随着时代的发展，到了公元前3000年左右，苏美尔人便在两河流域修建了强大的城邦。经过几百年的发展，萨尔贡所建立的阿卡得王国攻

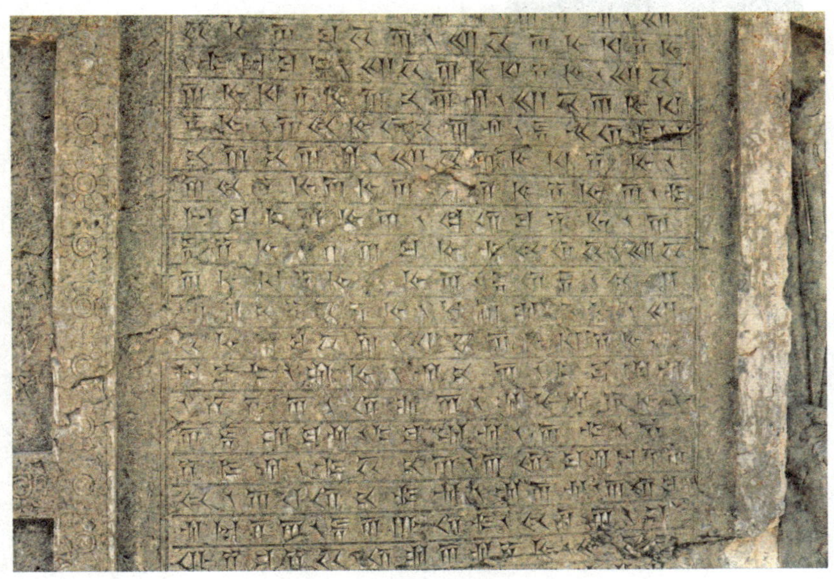

楔形文字

破了苏美尔人的城邦，成了两河流域新的主人。阿卡得王国的国土曾向东拓展到了埃兰，向西占领了叙利亚、小亚细亚等。可惜这个强盛的国家在公元前2230年左右覆灭了。很快，苏美尔人就复兴起来，并且统一了南部的两河流域，成立了乌尔第三王国。

一直到公元前2006年，乌尔第三王国被埃兰人和阿摩利人歼灭。于是，阿摩利人就在两河流域建立了古巴比伦王国。

继古巴比伦王国之后的是亚述帝国。公元前7世纪，亚述帝国的国土面积不仅涵盖了全部两河流域，还包括了叙利亚、巴勒斯坦、埃及等。随着铁器时代的到来，亚述帝国的国力也发展到了鼎盛时期。

公元前605年，迦勒底人灭了亚述帝国，再次建立起巴比伦王国，史称“新巴比伦王国”。举世闻名的“空中花园”就诞生于尼布甲尼撒二世统治时的新巴比伦王国。

◎ 汉谟拉比法典

公元前538年，波斯人消灭了新巴比伦

王国。

由此可见，两河流域从公元前三四千年起到公元前五六百年，先后出现了许多国家，这些国家的创立者不同，但共同为两河文明的多样化做出了杰出的贡献。

在历法方面，先后出现了苏美尔人发明的太阴历和古巴比伦人创立的巴比伦时间。

苏美尔人的太阴历是在阿卡得时代诞生的，其计时标准是月亮的阴晴圆缺，并把一年分为十二个月，每个月的天数为29或30天，全年总天数为354天，同时发明了闰月的方法，对少于太阳年的天数进行调整。闰月的设置是以经验为主，一开始是8年3闰，后来变为27年10闰。巴比伦人在苏美尔人的太阴历的基础上，创立了巴比伦时间，把一天分为12个时辰，每个时辰为两小时，每小时为60分钟，每分钟为60秒。古巴比伦人还创立了星期制，即七天为一周，每一天都用一个神的名字来命名：月神（星期一）、火星神（星期二）、水星神（星期三）、木星神（星期四）、金星神（星期五）、土星神（星期六）、太阳神（星期日）。

在天文学方面，两河流域民族是最早能够区分恒星和五大行星的民族，同时，这里的人们还发现了黄道。

在教育学方面，为了替王室和神庙培养人才，苏美尔的尼普尔诞生了世界上最早的学校。

在文学方面，流传在两河流域的《吉尔伽美什》是世界上最早的史诗，它以半神半人的吉尔伽美什为主人公，讲述了伟大的英雄事迹。

在法律方面，古巴比伦王国的《汉谟拉比法典》是迄今为止世界上完整保存的最早的成文法典。

在金融方面，巴比伦神庙的祭司创立了以实物和金银为主的借贷机构，还开创了分期付款的偿还方式。

在农业方面，早在汉谟拉比在位时期，就开凿了著名的汉谟拉比运河，以及其他灌溉水渠。到了公元前 1700 年，世界上最早的农业历书《农人农历》便诞生了，该书通过农夫教子的方式，对一年的农事进程进行了讲述。

此外，世界上第一条数学公式，第一个图书馆，以及第一部词典——《西拉巴力里亚》等，都诞生于两河流域。其中，《西拉巴力里亚》系统地解释了苏美尔文字符号表、符号的发音和含义、文法等。

历史聚焦 LISHI JUJIAO

空中花园

空中花园是古代世界七大奇迹之一，又称悬园。在公元前 6 世纪，由新巴比伦王国的尼布甲尼撒二世在巴比伦城为其患思乡病的王妃安美依迪丝修建的，现已不存在。据说空中花园采用立体造园手法，将花园放在四层平台之上，由沥青及砖块建成，平台由 25 米高的柱子支撑，并且有灌溉系统，奴隶不停地推动联系着齿轮的把手。园中种植各种花草树木，远看犹如花园悬在半空中。在巴比伦文献中，空中花园始终是一个谜，甚至没有一篇文献提及空中花园。

第四章

古埃及兴衰

古埃及王国的统一

古埃及作为四大文明古国之一，有着灿烂的文明和辉煌的历史。它创造了象形文字，在天文历法、几何、解剖、建筑等方面都有着很深的造诣，深深地影响了西亚、希腊和欧洲很多国家，极大地推动了人类文明的进步和发展。

古希腊著名的历史学家希罗多德曾说："埃及是尼罗河的赠礼。"事实也证明，没有尼罗河，就没有古埃及的辉煌文明。

尼罗河全长 6600 多千米，是世界第一长河，发源于非洲中部的高原，从南向北流，注入地中海。它流经埃及的那一段只占全长的 1/6。

对于古埃及人来说，尼罗河是上天赐给他们的礼物。每年的 7 月，尼罗河的发源地就进入了雨季，暴雨使尼罗河的水位大涨。11 月底，洪水渐渐退去，给两岸的土地留下厚厚的肥沃的黑色淤泥，于是聪明的古埃及人就在这层淤泥上种植庄稼。虽然埃及大部分土地都是沙漠，干旱少雨，但是古埃及人靠着尼罗河，根本不用为农业灌溉而发愁，所以古埃及人称尼罗河为"母亲河"。尼罗河两岸也成了古代著名的粮仓。

古埃及人是由东北非的土著人和来自西亚的塞姆人融合而形成的。大约在 6000 年前，古埃及从原始社会进入奴隶社会，尼罗河两岸出现了 42 个奴隶制城邦。古埃及人称之为"斯帕特"，古希腊人称之为"诺姆"，中国翻译成"州"。

这些奴隶制城邦经过长期的战争，逐渐形成两个王国。南部尼罗河上游的谷地一带的王国叫作上埃及王国，北部尼罗河下游三角洲一带的王国叫下埃及王国。

两个王国为了争霸、统一，经常发生战争。大约在公元前3100年，两军在尼罗河三角洲展开激战。美尼斯率领军队与下埃及的军队厮杀了三天三夜，终于取得了胜利。从此，埃及成为统一的国家。

为了纪念这次胜利，并加强对下埃及的控制，美尼斯就在决战胜利的地点修建了一座城市——白城，希腊人称之为孟菲斯，遗址在现在埃及首都开罗附近。美尼斯还派奴隶在白城周围修建了一条堤坝，以防止尼罗河泛滥时将城市淹没。

希罗多德雕像

埃及统一后，下埃及人从未停止过反抗，直到400年后，统一大业才真正完成。

古埃及人拥有辉煌的古代文明。他们创造了象形文字，在天文学、几何学、解剖学、建筑学、历法方面也有很高的成就，对西亚、希腊和欧洲有很大的影响，为人类文明做出了不可磨灭的巨大贡献。在美尼斯之后的2000年里，无论是从财富角度看，还是从文化角度看，埃及都是当时世界上最先进的国家。

法老时代的埃及

古埃及的第一位国王名叫美尼斯，他自诩“两国的统治者”和“上下埃及之王”。美尼斯建立了“第一王朝”，标志着古埃及文明的开端。现在，在埃及首都，开罗的博物馆里，有一块名叫“纳美尔（美尼斯的王衔名）记功石板”的浮雕，上面记录了整个埃及被美尼斯征服，国家被统一的过程，是埃及最古老的石刻记录。古埃及的国王被称为法老的3000年，被史学家称为法老时代。

最早的太阳历

古埃及人创造了太阳历，它对尼罗河流域的农业生产影响深远，古埃及也因此跻身于世界四大文明古国的行列。

世界上曾经流行过的几种历法包括：中国古历法是根据月亮的圆缺和运行的周期来确定的；欧洲的古历法是根据天空中星象的变化来确定的；希腊的古历法也是根据星象的变化来确定的；古巴比伦的历法是根据星象和两河河水的涨落来确定的。古埃及的太阳历是人类历史上最早的历法，约在公元前4000年前就已出现，这跟尼罗河的定期泛滥关系密切。从某种意义讲，甚至可以说尼罗河的定期泛滥催生了太阳历，所以在这里有必要交代一下尼罗河的情况。

尼罗河是由青尼罗河、白尼罗河两大支在苏丹首都喀土穆汇合后的正式称谓（chēng wèi：称呼、名称）。它全长6600余千米，是世界上最长的河流。尼罗河主宰着它流经国家的命运，离开了它的滋润，那里的文明将灰飞烟灭。但由于尼罗河水流缓慢，泥沙不断沉积，使河床持续抬高，致使多次泛滥成灾，但河水退后，又留给当地人大片沃土。为了不违农时，发展农业生产，埃及人在长期的生产实践中逐渐掌握了尼罗河泛滥的规律。当它开始泛滥时，清晨的天狼星正好位于地平线上。这一点在天文学上称为“偕日升”，即与太阳同时升起，于是这一天便被设定为一年的第一天。

我们把古埃及的太阳历与当前的公历做一个简单的对比，就不难发现其科学性：一年的天数为 365 天，继而把一年划分为 12 个月，每月 30 天，剩下的 5 天则作为宗教节日，就如同我们传统的春节一样也是 5 天。这比精确的一回归年（365.25 天）仅少 0.25 天，120 年后少 30 天，1460 年后就会少 365 天，又接近一年。如此便形成了一个完整的周期。这样精妙的历法凝结着无数古埃及先民的智慧。

在古埃及，人们运用大量的时间进行天象的观测，特别是对天狼星位置的观测更是细致入微。他们发现，在固定的时间里，天狼星从天空消失，当太阳再次出现在同一位置时，它又从东方的天空升起，这就是一个周年。同时，古埃及人

《授时历》因忽必烈封赐而得名

把天狼星比太阳早升起的那一天定为元旦。

正是因为有了这样一部较为完备的历法做指导，古埃及的先民才得以稳定的衣食之源。在这个物质基础上，古埃及才得以在宗教、建筑和医学等领域创造更加辉煌灿烂的文明成果。虽然每隔 4 年，就误差一天，但它使用起来简单方便。后来埃及的太阳历传入欧洲，经过罗马独裁者恺撒和教皇格列高里十三世的不断改进，成为今天通用的公历。

《授时历》

《授时历》是由元世祖忽必烈封赐的立法名，实施于公元 1281 年（元至元十八年），在原著和史书中均被称为《授时历经》。在这部历法中认为，365.2425 日为一年，与当今的 365.2422 日仅有 26 秒之差，其精度同公历（指 1582 年《格里高利历》）相当，远远超出西方 300 多年。公元 1276 年（元至正十三年），这一工作由许衡全面负责，元世祖还任命王询、郭守敬为副手，辅助许衡共同研讨定制。

女扮男装的法老

对于中国历史上唯一的女皇帝，大家并不陌生。然而，埃及历史上也曾经出现过一位女法老，你知道她是谁吗？

在古埃及近 3000 年的历史中，出现的法老无数，但是要说起女法老来，那就只有一位——哈特谢普苏特女王。

公元前 1480 年，哈特谢普苏特出生了。第十八王朝的法老图特摩斯一世是她的父亲，天生体弱多病的图特摩斯二世是她的丈夫，她的儿子是图特摩斯三世。这位女法老的一家都是法老，她丈夫在位 8 年后就去世了，丈夫偏房所生儿子成了王位的继承人。当时，这个孩子才 6 岁，为了辅佐自己的继子，哈特谢普苏特以母后的身份摄政（shè zhèng：替国君处理国政）。

为了能够顺利登上法老的位置，对于宫廷里的反对派，她采取怀柔政策，用金钱和高官来收买他们。

为了赢得宗教界的支持，她宣称自己是阿蒙神之女，为埃及人信仰的太阳神——阿蒙神修建了宏大的庙宇。

哈特谢普苏特要想当上法老，不得不在公开场合将自己装扮成男子，穿男人的衣服，戴上作为法老象征的假胡子和头巾，只有这样，才能堵住舆论（yú lùn：公众的言论）方面的嘴，因为当时的埃及是不允许有女法老的。

经过长时间的筹备，7 年后，她终于在一次盛大的集会上正式宣布自己是埃及新法老，而她的继子则被发配到外地成了一名卫戍队长。

在她执政期间，埃及停止了对外战争，开始发展与邻国的商贸。许多伟大的建筑建立起来，卡尔纳克神庙立起两座高达30米的方尖碑，成了她与太阳神之间关系的象征。而她的祭庙更是成了当时最伟大的建筑。

在古埃及的31个王朝中，第十八王朝的延续时间最长，版图最大，国力最强盛，这一切都跟这位女法老的执政关系密切。可以说，图特摩斯三世的扩张正是得益于这位女法老为埃及打下的经济基础。

在她统治的第22个年头，图特摩斯三世突然返回王都，重新回来执政，而她却忽然失踪了。没人知道她去了哪儿，

卡尔纳克神庙

罗塞塔石碑

连她的尸体也不知去向。她的突然失踪成了一个谜案。

据说，为了毁掉哈特谢普苏特的治国痕迹，图特摩斯三世下令将许多刻有她的名字和形象的雕刻毁去。

如果不是法国天才的考古学家商博良破解了罗塞塔石碑，古代埃及文字永远会被误解为拙劣的图画。1922年，纽约大都会艺术博物馆在埃及挖掘出大量被掩埋的残缺不全的女王雕像碎片。这些碎片被小心地拼接起来后，恢复了原貌。哈特谢普苏特的名声和形象又开始展现在世人面前。

历史聚焦 LISHI JUJIAO

商博良

法国历史学家、语言学家，让·弗朗索瓦·商博良首次识破了古埃及象形文字结构，并且破译了罗塞塔石碑，因此被称为“埃及学之父”。他年轻时曾经对世界起源的时间进行过计算，也质疑过《圣经》的记载。

拉美西斯二世

阿布辛拜勒神庙是埃及南方城市阿斯旺一个著名的旅游景点。拉美西斯二世建造了这座雕刻精美、在世界艺术史中影响深远的神庙。

拉美西斯二世是埃及第十九王朝法老，他执政期间是埃及新王国最后的强盛时期。

公元前1314年2月21日，拉美西斯二世出生在孟菲斯。他从小在“法老学校”学习，10岁时就在军中任职。到了他15岁时，为了培养他成为一位智勇双全的国王，他的父亲作战时也带他一同参战。在这样的环境下，拉美西斯二世很快就具备了一个国王应有的能力和军事手段，成了一位战无不胜的将军。除此之外，他还是一位不知疲倦的建设者。

在统治期间，他下令修建了许多宏伟的建筑，宫殿、庙宇、雕像和石碑的数量多得数不清。为什么他这么热衷于修建各种建筑呢？

原来拉美西斯二世认为，要想彰显（zhāng xiǎn：鲜明地显示）自己的权力和在世天神的地位，气势宏伟的建筑无疑是最好的表达方式。他将自己的名字刻在这些建筑上，就连那些被他修复的古老建筑上也要刻上自己的名字。

埃及学教授埃达·布莱西亚尼曾经说：“国王的壮举与魄力在大量的雕像和碑文中被记述下来，使拉美西斯二世得以流传千古。”

事实也正是如此，这位伟大法老的一生充满传奇色彩。在他九十多年的一生里，他头顶着各种光环，并在人类历史上留下了不可磨灭的印迹。

卡叠石战役是拉美西斯二世最值得称颂的壮举，这场战争被刻在卢克索神庙里，巨型的艺术品重现了战争的场面。在画面中，拉美西斯二世占据突出位置，只身一人击溃（jī kuì：打垮、打散）敌军。除了壁画，流传给后人的还有叙述这场战争的两首史诗，《潘道尔之歌》就是其中最重要的一首。

公元前1237年，拉美西斯二世辞世。去世后，他被制成了木乃伊。他葬礼的隆重程度无人能及，当他的儿子莫尼

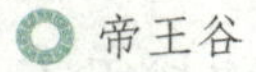
帝王谷

普塔乘坐皇舟，在庞大船队的护送下，沿着尼罗河将父亲的遗体送到底比斯时，沿路布满了哭泣的臣民，纷纷表达了对这位伟大法老的哀思。船队到达底比斯城后，送葬的队伍将拉美西斯二世的棺椁（guān guǒ：棺材和套棺）安放在开凿于帝王谷的陵墓中，无尽的宝藏陪伴着拉美西斯二世在冥界长眠。

大约在公元前 1000 年，为了躲避猖獗的盗墓贼，拉美西斯二世的木乃伊被藏到一座小城的哈特舍普苏神庙内。

直到 1881 年，拉美西斯二世的木乃伊才被法国埃及学学家加斯顿·马斯佩罗重新发现，后被安放在了埃及国家博物馆内。

阿布辛贝神庙

1813 年，勘察者伯克哈特发现了阿布辛贝神庙，并由贝尔佐尼挖掘了这座神庙。相传这座神庙因向导的名字而得名，它位于阿斯旺市区以南 280 千米处，是当地著名的旅游景点。阿布辛贝神庙修建于公元前 1300 至公元前 1233 年，在新帝国的法老王时代备受保护。

埃及舍易斯王朝的建立

由于新王国的衰落，古埃及出现了南北纷争、外族入侵的动荡局面。利比亚人早在第十九王朝统治时期（公元前 1320—前 1200 年），就曾想要霸占这里，定居三角洲。

第二十王朝时期（公元前 1200—公元前 1085 年），法老的卫队、朝臣以及驻军中多为利比亚人，并且势力越来越大。第二十一王朝时期（公元前 1085—公元前 945 年），法老的统治中心在北方的塔尼斯城，而南方的底比斯则由僧侣势力所控制，实际上形成了南北对峙（duì zhì：对抗、抗衡）的局面。利比亚雇佣兵首领沙桑克趁分裂之机，在布巴斯提斯建立了第二十二王朝（公元前 945—公元前 817 年），并进

苏丹阿蒙神庙遗迹

古埃及首都孟菲斯

军底比斯，占领了该城。

随后，沙桑克任命其子为阿蒙神庙的最高祭司，迫使众多的阿蒙僧侣逃亡国外，埃及暂时统一起来。大约在沙桑克三世统治时期，阿蒙神庙僧侣又在底比斯建立了第二十三王朝（公元前 817—公元前 730 年），统一了一个世纪之久的埃及又分为两个王国。

第二十三王朝后期，北方舍易斯的统治者特夫那赫特（利比亚人）据地自立，建立第二十四王朝（公元前 730—公元前 715 年）。此时，三角洲和中埃及各地纷纷称王，一片混乱。而自古以来一直为埃及掠夺、奴役的努比亚人也乘机独立，他们以那帕特为中心，建立了第二十五王朝（公元前 730—

公元前 656 年），并向北方扩展势力。第二十五王朝晚期，亚述人侵入埃及，反复与努比亚人在孟菲斯、底比斯之间进行争夺，第二十五王朝的势力因此被削弱。特夫那赫特的后裔（hòu yì：后代子孙）普萨姆提克借机在舍易斯建立起第二十六王朝（公元前 664—公元前 525 年），史称舍易斯王朝。

至此，埃及经过几个世纪之久的内部纷争、外族侵扰之后，又重新统一起来，并且在各方面呈现出某些繁荣景象。因此，这个时期被称为埃及的“复兴时代”。

埃及法老

埃及的国王被称为法老，他掌控着国家的司法、军政和宗教大权，是国家的最高统治者。他们自诩“太阳神之子”，扮演着真实的历史角色，同时也是传说中的人物。古埃及人认为，法老是神派来统治人间的，他介于人和神之间，是臣民膜拜的对象。对于官员们来说，亲吻法老的脚是一件无上光荣和令人自豪的事情。

第五章

中华文明

武王伐纣

商朝最后一位君王暴虐无道，他本名叫德，帝号辛王，人们称他为商纣王。

在位期间，商纣王为人残暴昏庸，生活上贪图享受，他提拔重用的都是一些溜须拍马的小人，而那些正直的大臣被残酷刑罚处死。民众怨声载道，对他的残暴统治极为不满。后来周国国君周武王率领军队攻打纣王，商纣王死去之后，周武王成为周朝的第一任天子。

历史记载，纣王的父亲帝乙一共有三个儿子，其中以纣王最受帝乙的宠爱，最终成了王位的继承人。但他继承王位之后，开始贪图享乐起来。一方面，他在全国范围内选取美女入宫，宠信妲己；另一方面，他不惜花费大量的人力、物力，为自己修建豪华的住所。让人痛恨的是，为了惩罚那些正直的大臣，让他们不敢反对自己，商纣王发明了“炮烙”之刑。

一些正直的大臣都惨死在纣王的手中。

而在纣王贪图享受的时候，在商朝的西方，有一个诸侯国周国，首领叫作姬昌。周国在姬昌的精心治理下，逐渐兴旺发达起来。姬昌去世之后，他的二儿子姬发登上了国君的位置，史称周武王。

周武王非常重视对人才的培养和选拔，比如他重用姜子牙，任命他为自己的军师，辅佐自己治理国家。渐渐地，周国越来越强盛，人民安居乐业。过了几年，周武王宣布正式出兵攻打商纣王。

周武王召集天下诸侯，共同联合起来反对商纣王。

周文王画像

两年后，武王和各个诸侯国的大军来到牧野，周武王在这里举行了誓师大会。武王这边仅仅只有10万名战士，但是在商纣王临时组建70万人的部队中，大多人都对他痛恨万分，大战刚开始，很多人便临阵起义，调转矛头帮助武王攻打纣王。纣王落荒而逃，逃到鹿台上，最终点火自焚。

商朝灭亡后，周朝建立，都城位于镐京（今陕西西安西南一带），周武王自称天子，历史进入西周时期。

西伯侯姬昌

姬昌，姓姬，名昌。据史书记载，他生于公元前1152年，死于公元前1056年，是季历的儿子，周太王的孙子，开创了周王朝。他继承了父亲西伯侯的爵位，所以史书上又称他为“西伯昌”。姬昌在位50年后，成了周国的国王，也就是历史上的周文王。他还是位才华横溢的国王，他编写了旧本《周易》，被孔子评价为“三代之英”。

秦始皇统一中国

秦始皇，姓嬴，名政，是秦庄襄王的儿子。他生于公元前259年，死于公元前210年，是中国历史上著名的改革家、战略家和政治家。他是第一个称自己为“皇帝”的君王，用他的铁腕手段完成了国家的统一大业。

荆轲是位著名的勇士，奉燕太子丹之命刺杀秦王嬴政，最后行动失败。死里逃生的嬴政万分恼火，下令大军攻打燕国。

燕国方面赶忙派出太子丹带领军队抵抗秦军。在强大的秦军面前，太子丹自然不是对手，一败涂地。无奈之下，燕王和太子丹只好率领残兵败将逃往辽东（今辽宁省的东部和南部）。后来，燕王喜杀死了太子丹，希望能够得到秦王的原谅，这样他就可以保住性命了。

秦始皇雕像

这个时候，秦王嬴政手下的谋士尉缭对他说：“现在天下的情况是，我们已经消灭了韩国，燕国方面也成不了气候，赵国一方更是仅仅剩下了一个代城，自身难保，不用担心它有什么动作。现在

秦始皇统一中国后修建的万里长城

正好是冬天，北方天冷，不适合发动战争。所以，微臣建议掉头去攻打南方的魏国和楚国。将这些国家平定之后，再腾出手来重新攻占燕国和赵国。”嬴政听了非常高兴，就将北方的军队调往南方，全力攻打魏国。

战事进行得很顺利，公元前225年，魏国灭亡了。接下来，秦国又调集大军攻打楚国，秦国方面损兵折将，伤亡很大，嬴政只好下令停止进攻。随后，他任命大将王翦为统帅，让他全权指挥60万大军，全力攻打楚国。

公元前223年，昌平君在战斗中被乱箭射死，项燕看到大势已去，只好拔剑自刎。秦国终于消灭了楚国。

平定南方之后，嬴政提升王翦的儿子王贲为将军，让他率领秦军先后消灭了燕国和赵国。此时，东方六国只剩下了一个齐国。

齐国在秦国消灭其他国家的时候，一直不敢得罪秦国，希望秦国能够放过自己，所以齐国的边界就没有什么防守的军队，于是也很快被秦国消灭了。

公元前 221 年，嬴政消灭了六国，一统天下。

历史聚焦 LISHI JUJIAO

秦王亲自请王翦出山

秦王嬴政一心想要灭掉楚国，于是在出征前，便在朝堂之上征求诸位大臣的意见，看看派出多少兵马最为合适。大将军李信认为20 万军队足矣，秦王很是满意。转而又询问名将王翦，王翦思虑再三，认为至少需要兵马 60 万才能取胜。秦王认为，李信年轻有为，有勇有谋，而王翦年老体衰，胆子太小，于是他便派李信为主将，蒙恬为副将，带领 20 万大军南下攻打楚国。

王翦的建议未被秦王采纳，他深受打击，于是便借口身体不适，告老还乡。谁知李信在楚国战事不利，秦军死伤无数。得知消息的秦王勃然大怒，逮捕了李信。他幡然悔悟，然后亲自跑到王翦的家承认错误，请他再次出山，让他担任统帅，再次出征楚国。

张骞开辟丝绸之路

汉武帝在位时，和匈奴打了几十年的仗，其中有一部分匈奴投降了汉朝。通过这部分人，汉武帝了解了一些西域的情况，这其中有一个月氏国，经常被匈奴欺负，然后举国逃到了西域。西域想要抗击匈奴，但是没有谁能够帮助他们。

汉武帝设想，月氏国在匈奴西边，如果汉朝和月氏国联合起来，采取东西夹击的办法，一定可以消灭匈奴。于是，汉武帝就下了一道诏书，向全国征集能人出使月氏国，但是以当时的自然条件，根本没人知道月氏国在哪里，况且路上还有可能遇到匈奴人的袭击，所以这是一件非常冒险的事情。

但是还是有很多年轻人前来应征，其中有一个年轻人叫张骞，他是最先来报名的，因为他觉得这件事十分有意义。后来还有一个生活在长安的匈奴人堂邑父，他提出想做张骞的副手一起出使西域。

汉武帝听后非常高兴，就给张骞一行人安排了充足的路费，并给他派了一百名随从，然后张骞就踏上了出使西域的路程。要出使西域，必定要经过匈奴人控制的地区，虽然张骞一行人一路上非常小心，但还是被匈奴人发现了，于是张骞他们就做了匈奴人的俘虏。但是，匈奴人并没有急于杀掉张骞，而是把他们分别软禁起来，堂邑父则和张骞关在一处，他们这一关就是十多年。

时间一久，匈奴人对张骞的看管就松懈了下来，张骞和堂邑父趁着敌人防备松懈，就骑上两匹快马跑掉了。他们没日没夜地向西跑了几十天，终于逃出了匈奴地界。但让他们失望的是，这次出使并没有找到月氏国，而是来到了另一个国家——大宛。

大宛因为和匈奴是邻国，所以能听懂匈奴的语言，恰好张骞和堂邑父都会说匈奴话，所以他们能进行正常的交流。大宛王接见了汉朝来使，因为他早已听说东方的大汉国是一个强盛的帝国，所以对张骞和堂邑父非常热情，张骞在大宛休整了几天后，大宛王派人护送他们到康居，然后由康居来到了月氏国。

张骞

月氏国被匈奴打败后，元气大伤，于是他们举国西迁到大夏国附近，重新建国。当月氏王听了张骞来的目的后，他婉言谢绝了汉朝的要求，因为他们只想安定下来，不想打仗了。不过，月氏王还是热情地招待了张骞。

张骞在月氏国住了一个月，然后又来到大夏国。在这里，他见到很多稀奇的事物，虽然此次没有说服月氏国和汉朝共同抗击匈奴，但

张骞出使西域

是张骞此行收获也颇多。在西域待了一段时间后，张骞返回汉朝，途中又经过匈奴人的地界，他们再次被抓。后来匈奴内部发生内乱，张骞这才趁机逃回了长安。

张骞这次出使西域，整整用了十三年的时间，汉武帝看到张骞平安回来后非常高兴，封他做了太中大夫。汉武帝向张骞详细地询问了西域的情况，张骞说：“我在大夏见到蜀地生产的东西，却是商人通过天竺国贩运过去的。既然这样，蜀地与天竺国一定不远。”汉武帝听了觉得有道理，就再次派张骞为使者，带着厚礼从蜀地出发，出使去天竺国。四路人马走了两千多里都没有找到天竺国，有的还被途经的部族打了回来。有一队人绕过昆明，来到滇越。滇越国王是楚国人的后代，虽然与中原隔绝多年，但是对汉朝来使还是很热情，于是他提出愿意帮助张骞去找前往天竺的道路。但是由于昆明在中间挡着，

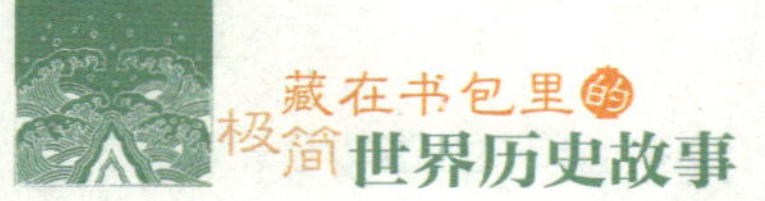

所以最后还是没有成行。张骞只好暂时返回长安，虽然张骞此次没有到达天竺，但是却结交了滇越国，汉武帝仍然很高兴。

后来卫青、霍去病打败匈奴，匈奴逃到大漠以北，很长时间都不敢再侵犯中原。西域很多小国看到匈奴大势已去，就不再向匈奴进贡纳税。于是，汉武帝再次派遣张骞出使西域。公元前 119 年，张骞带着几名副手和三百名勇士，每人带两匹马以及大量牛羊和财物去结交西域。

张骞先来到乌孙国，乌孙国王非常热情地接待了他们。张骞给乌孙国王送上厚礼，并建议两国建立友好关系，共同对付匈奴。乌孙知道汉朝离这里非常遥远，但他不知道汉朝的军事实力，虽然他很想让汉朝帮助自己，但又畏惧匈奴，所以迟迟不敢下决定。张骞看到乌孙国王举棋不定，就先派自己的几名手下带着礼物出使大宛、月氏、大夏等国。

张骞纪念馆

副手们一走就是很长时间，张骞有些坐不住了，就向乌苏国王提出先回长安。乌孙国王派了几十个人随张骞一同回长安朝见，还带了一些财物和高头大马献给汉武帝。汉武帝非常喜欢这些马，所以重重赏赐了乌孙来使。

一年后，张骞病逝了，张骞的副手们也陆续回到了长安。张骞和副手们一起去过的国家总共有36个。从此之后，汉朝每年都会派使者出使西域各国，与他们建立了深厚的感情。同时，国家间的商人也通过张骞走过的路展开了贸易，中国的商品，特别是丝绸通过西域远销到西亚和欧洲，所以后来人们就把这条路线称为“丝绸之路”。

丝绸之路

丝绸之路通常是指欧亚大陆北部的商路，与南方的茶马古道形成对比，西汉武帝时张骞从长安带队出使西域，联合月氏人，共同抗击匈奴，首次开拓丝绸之路，被称为“凿空之旅”。

此后，汉朝频繁地派遣出使节出使西方，汉武帝时最远的汉使到了犁轩（今埃及亚利山大港），罗马人征服叙利亚的塞琉西帝国和埃及的托勒密王朝后，通过安息帝国、贵霜帝国和阿克苏姆帝国取得从丝绸之路上传来的中国丝绸。西汉末年，丝绸之路一度断绝，东汉时的班超又重新打通隔绝58了年的西域，罗马帝国也首次顺着丝绸之路来到当时东汉首都洛阳。在通过这条漫漫长路进行贸易

丝绸之路石版画

的货物中，中国的丝绸最具代表性，“丝绸之路”因此得名。丝绸之路不仅是古代亚欧互通有无的商贸大道，还促进了亚欧各国和中国的友好往来、沟通东西方文化的友谊之路。历史上一些著名人物，如出使西域的张骞，投笔从戎的班超，永平求法的佛教东渡，西天取经的玄奘，他们的一些故事都与这条路有关。这条长约七千公里的漫漫长路是经过三百多年几代人的努力而形成的，历代多有维护及沿用。

玄奘西天取经

《西游记》是深受小朋友喜爱的神话故事，它讲的是唐僧带着三个徒弟，历经九九八十一难，最终求取真经的故事。

这个和尚可不是故事的作者凭空编造出来的人物，而是历史上真实存在的。他的取经过程坎坷，可谓是真的历经九九八十一难，只是小说中的故事将其传奇经历更赋予魔幻色彩。这个和尚叫作玄奘，出生在隋朝，他本来姓陈，很小就出家做了和尚。他聪明好学，对佛教十分虔诚，潜心学习各种经文和辩论技巧。成年后，他大力宣扬佛教，又写了三本经书，分别是《经藏》《律藏》和《论藏》，所以别人又叫他“三藏”。

唐朝初年，玄奘开始遍访各地寺庙的高僧，向他们虚心求教，讨论佛学。他以丰富的佛学知识获得了各地高僧的赞扬。但他通过走访，发现各地使用的佛学经书内容比较混乱。为了取得真实版本的佛经，玄奘决定去佛教的发源地天竺求取真经。

玄奘雕像

627 年，玄奘上表唐太宗，提出自己想要去西天取真经的想法，但是

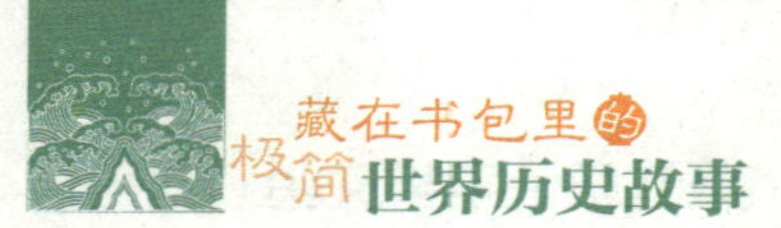

唐太宗没有批准。于是玄奘就带着自己的两个弟子，偷偷跟着一个商队从长安出发，前往天竺国。

从中原到天竺，这一路多是沙漠高山，环境非常恶劣。三个人历经千辛万苦，走了一年多，才来到佛教的诞生地——天竺。天竺研究佛教最权威的地方是摩揭陀国（今印度比哈尔邦南部）的那烂陀寺。当时，这座寺庙已经建成七百多年了，每年都有1万多名信众在这里修行。这个寺庙的主持高僧听说玄奘不惧艰难，从遥远的唐朝而来，非常钦佩玄奘的这种精神，于是破例收玄奘为弟子，给他讲解最深奥难懂的佛教经典。玄奘日夜苦读，研究佛学经典，几年后，成为那烂陀寺中最优秀的僧人。

据说，有一次，戒日王举办佛法辩论大会，有十八个国

西安大慈恩寺玄奘纪念馆大雁塔图片

家的国王和三千多名佛教学者参加。玄奘在会上进行讲法，引起了全场的轰动，折服了所有在场的高僧，戒日王也深感震惊，极力挽留玄奘留在那里，但被玄奘婉言谢绝了。

645年，玄奘终于回到久别的唐朝，来到长安城，受到城内僧俗人士的热烈欢迎。唐太宗得知玄奘回国的消息后，特命宰相房玄龄把玄奘接到洛阳，听他介绍一路上的取经经历。这些异国风情让唐太宗听得津津有味，特别是玄奘一路上不畏艰难的精神，让唐太宗深深折服。玄奘在白马寺潜心翻译佛经，一直持续了19年，才完成了所有佛经的翻译。共翻译佛经1335卷，总计1300多万字。

664年，玄奘在玉华寺病逝。他所翻译的佛学著作和他与人合写的《大唐西域记》成为中华民族的文化瑰宝。

《大唐西域记》

《大唐西域记》，又名《西域记》，是世界上最早的描写异域风情的集子。玄奘取经归来后，唐太宗想要了解路途上的见闻，于是命他编写了这本书。全书包括12卷，完成于646年，主要描写了西天取经途中的所见所闻。一共途经28个国家，书中详细记录了这些地区的气候、风土人情、语言、宗教、佛寺以及历史传说、神话故事等，是研究中古时期中亚、南亚诸国的历史、地理、宗教、文化和中西交通的重要文献，也是研究佛教历史和遗迹的重要参考。

唐玄宗开创开元盛世

李隆基之所以能够称帝，得益于他的敢作敢为和他的铁腕政策。正是因为他敢于同韦后和太平公主这两大势力作斗争，李唐天下才不至于落入他人之手。

李隆基是睿宗李旦的三儿子。他出生于685年，当时正值唐朝风云突变的时刻。那一年，他的祖母武则天一手遮天，国家大事完全由武则天一人决定。李隆基6岁那年，他的父亲李显被废。随后，武则天废唐立周，自己做了女皇帝。691年，武则天把李隆基兄弟三人及二伯父李贤的三个儿子幽禁起来。

李显在宫中被幽禁了8年之久。699年，14岁的李隆基和几个哥哥才被放了出来。后来，张柬之发动政变，杀死武则天的男宠张易之，迫使武则天让位给中宗。年少的李隆基目睹了腥风血雨的争权斗争。

武则天一死，懦弱昏庸的唐中宗无力治理大唐江山，大权又旁落到他的妻子韦后、女儿安乐公主手中。710年6月，韦后与安乐公主合谋杀死唐中宗，韦后临朝当政。随后，李隆基与姑姑太平公主联手铲除韦后一党，恢复了唐睿宗李显的皇位。712年，唐睿宗让位给李隆基，李隆基登基，史称唐玄宗。

李隆基登基前后，与自己的姑姑太平公主进行了激烈的斗争，太平公主甚至公开威胁要废掉唐玄宗。后来，她又联合朝中大臣密谋发动政变。唐玄宗借此机会追杀太平公主，随后将其赐死。这样一来，再也没有人能对唐玄宗的政权构成威胁，唐玄宗随即改年号为开元。

可以看出，唐玄宗的皇位得来殊为不易，所以李隆基也知道安定和平的重要性。在人员任用上，他总是深思熟虑。唐玄宗从几位长辈的身上吸取教训，对自己的同胞兄弟也只会恩礼相待，不给他们宫中实权，唯恐他们掌握实力，与自己争权夺势。

唐玄宗在武则天治理朝政的基础上，继续发展农业，兴修水利，为唐王朝的经济发展创造了有利条件。他还下令让

唐玄宗马球雕塑

社会上的流民去开垦荒田，这些新开垦的荒田可以免征五年赋税，极大地刺激了民间开垦荒地的积极性。

唐玄宗还鼓励手工业发展。在他治理天下的开元时期，陶瓷、纺织、印染、造纸、印刷等手工业有了较快发展，农业与手工业的进步大大刺激了唐朝商业的发展。

社会财富的增加使唐朝国力空前强盛。不但社会安定、经济发展，而且文化事业出现了空前繁荣的局面。唐玄宗本人就是一位多才多艺的帝王，他擅长音乐，喜爱舞蹈，并推动了当时舞蹈的发展。盛唐诗歌空前繁荣，当时著名诗人李白、王维、高适、孟浩然和杜甫的诗作流传千年，成为不朽的篇章。

李隆基呵斥武氏

李隆基从小便天资聪慧，仪表堂堂，胸怀大志，是宫中的“阿瞒”，掌权的武氏族人并不看重他，但这并不妨碍他凡事有主见的品性。7 岁那年，李隆基正在朝堂上参加祭祀仪式，看见了武懿宗在斥责侍从护卫，他愤怒地对武懿宗大声呵斥：“你凭什么在我李家的朝堂之上训斥我家的护卫！”说完便拂袖而去。武则天听说后，很是惊讶，不但没有责罚他，反而被这个 7 岁孩子的胆识所震惊，从此更加宠爱他了。

红巾军起义

元朝末年，统治阶级腐败黑暗，百姓们苦不堪言。元朝朝廷组织大批劳力在山东、河南开挖黄河河道，于是在民工中流传着这样一个预言：“石人一只眼，挑动黄河天下反。”

因为当时元朝官吏骄奢腐败，特别是蒙古贵族们更是生活荒淫无度。在政治上，他们压迫、剥削迫害汉人，使人根本无法正常生活。全国各地都有农民起来反抗，但是规模都较小。

在河北，农民韩山童、刘福通和杜遵道三人以宣传白莲教为幌子，秘密组织了大量人准备造反。他们鼓动群众说，弥勒佛来到人间，他要带领人民推翻元朝的统治。又说韩山童原本姓赵，是宋徽宗第八代子孙，刘福通则是宋朝名将刘光世之后。他们要顺应天意，带领大家反抗元朝的统治。

韩山童

公元1344年，黄河连年决口，在河北、山东一带，大片良田和房屋被淹。此时又遇大地震，许多百姓无家可归，他们流离失所成了流民。元朝政府不顾人民死活，又强征二十万民工开挖黄河故道。而民工们的工钱，又常常受到官吏的克扣，负责监督河工的官吏也经常随意体罚民工，这让民工们怨声载道。韩山童、刘福通看到此时正是造反良机。于是，就煽动大伙说，黄河是条巨龙，随意翻动惊动了它，天下必将大乱，并编出文章开头那句预言在民工中传播。

他们又制作了一个独眼石像，把“挑动黄河天下反”几个字刻在石像后背，然后偷偷埋在明天就要开挖的古河道中。第二天，当这尊石像被挖起时，立刻在民工中引起轰动，大家奔走相告说：“预言显灵了，真是老天在带领我们造反了，该反了！”

公元 1351 年的一天，韩山童把起义人员聚在一起，他们杀马宰牛，歃血起誓，然后郑重宣布举起义旗，推翻元朝统治。义军约定以红巾为标志。

他们这次秘密集会走漏了风声，就在商议起义时，元朝官军已经闻风而动。韩山童不幸被捕，很快就被杀害了。刘福通则逃到颍州(今安徽阜阳)城。在那里他集合起义人士，开始反抗朝廷。这支队伍因为都戴红巾，所以被称“红巾军”。

刘福通的红巾军很快就召集了十几万人。他们有开挖河道的民工，也有流民，大家都对朝廷不满。很快他们就占领了罗山(今河南罗山)、舞阳(今河南漯河)等多个城市，成为当时一支重要的起义力量。当时，浙江的起义军也广为响应。湖广两地则有徐寿辉带领的义军，湖南有王三、孟海马的义军，江淮有郭子兴等。他们都以红巾为标志。元朝皇帝惊慌失措，急忙派各路大军前去围剿。官军与起义军打了几年，始终没有把起义军消灭。

公元1355年，刘福通在亳州建立了政府，国号为宋，年号为龙凤，并推举韩山童的儿子韩灵儿做了皇帝。他们又以白莲教的教义，封韩林儿为小明王，实际上义军的军政大权在刘福通手里掌握。小明王政权起到团结人心的作用，特别是受徐寿辉、郭子兴、朱元璋等义军的拥护。

但是后来，义军内部发生争执，刘福通被元军打败。他带着小明王跑到安丰（今安徽寿县），然后积攒兵力，并与1357年率领大军攻打汴梁，同时派出三路义军北伐。但这三路义军都打了败仗，刘福通只能和小明王暂时躲在开封。但不久元军攻打开封，刘福通只能和小明王再次逃回安丰。

公元1363年，刘福通在安丰被叛将张士诚所杀，小明王被前来教授的朱元璋所救。南方各路义军虽然还承认龙凤年号，但是也都各立门户，没人再听小明王的指挥了。北方各地的起义就这样淡了下来，前后共经历十二年。

元末农民起义

元末农民起义是指元顺帝至正十一年至正二十七年(1351—1367年)。元朝农民进行的反抗并推翻元封建王朝的武装斗争。朱元璋趁元军疲于对付北方红巾军，无暇南顾之机，采取一系列有效措施，逐渐发展壮大起来。他采取先西后东，先强后弱的战略。在具体作战中，稳步推进，集中优势兵力，先剪枝叶，然后动摇其根本，从而削平群雄统一了江南，为北上灭元奠定了雄厚的物质基础和军事基础。

元末农民起义著名的口号是："莫道石人一只眼，此物一出天下反"或"石人一只眼，挑动黄河天下反"。口号和黄巾起义一样，是用迷信来反抗专制。

郑和下西洋

现在，出国旅游并不是什么稀奇事儿。可是，大家是否知道，早在明朝，就有一个叫郑和的人“出国旅游”了。他都去了哪些地方呢？收获了什么呢？

建文帝被朱棣打败之后，皇宫着火了。然而，火被熄灭之后，人们没有发现建文帝的尸首。身为一国之君的明成祖又不能公然地寻找建文帝，只好派人暗中寻觅。很多年过去了，明成祖依然找不到建文帝的下落。于是，他打算让大臣们去国外寻找建文帝。同时，还可以向外国人展示一下本国的风采，进而发展海外贸易。

朱棣雕塑

因此，明成祖决定派一名亲信大臣去完成这项特殊的任务。

1405 年，明成祖正式派郑和出使西洋。郑和的船队第一次出海共耗时 3 年，到达了许多国家。每到达一个国家，郑和就会把明成祖亲手写的信交

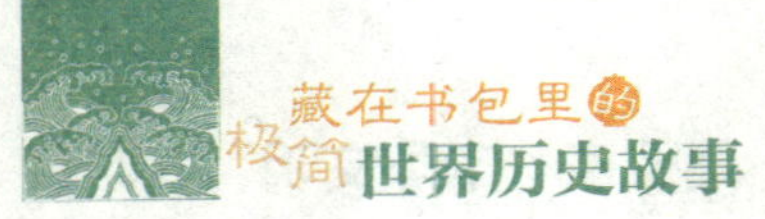

给该国国王，并献上大量钱财、绸缎等。同时表明从今往后两国和平共处，友好协作的意愿。由此一来，郑和这支庞大的队伍受到各国的热烈欢迎。各国国王也纷纷献上当地的宝贵物品，请郑和转交给明成祖，同时，派遣自己的使者随同郑和去中国。

这次航海整体上还算顺利，但是由于路途遥远，耗时颇久，所以途中难免会遇到一些意外情况。就在船队途经旧港时，碰上了海盗。

海盗们听说郑和船上财产众多，珠宝无数，就起了贼心。可是，他们并不知道郑和船队的队伍十分庞大，士兵们个个骁勇善战。海盗们的劫船计划被当地一个叫施进卿的人知道了，施进卿又偷偷地告诉了郑和。聪明的郑和就给海盗们设

郑和墓

下一个计，将他们一网打尽。郑和派人把海盗的首领绑起来，交给明成祖。明成祖又收到了各个国家的国王进贡的奇珍异宝，心里十分高兴，就对郑和大肆嘉奖。不过，最令明成祖高兴的应该是郑和途经十几个国家，都没有找到建文帝的下落，表明建文帝很可能已经死了。由于这次出使西洋收获颇丰，所以，明成祖决定不能就此停止下西洋的事。这样一来，郑和就奉命一次又一次地带船队出使西洋各国。第六次出海时，明成祖因病去世，朱高炽继承了皇位，即明仁宗。郑和第七次出海时，朱高炽又去世了。年幼的朱瞻基继位，徐太后及其身边的三个老臣成了真正掌握大权的人。这些人的目光没有明成祖高远，只看到出海开支庞大，却没看到背后的收益之多，所以就终止了郑和出使海外的事。

郑和下西洋的时间之长、规模之大、范围之广都是空前的，不仅让明朝在航海活动上达到了当时世界航海事业的顶峰，而且有效地促进了中国与亚洲各国家在政治、经济和文化等各方面的交流，加强了各国间的友好关系。

明仁宗朱高炽

朱高炽，生于1378年，是明成祖朱棣的第一个儿子，也是明朝的第四位皇帝。他性格稳重，深得祖父朱元璋的喜爱。1424年8月登基，他在位期间为人正直，深得百姓的爱戴。

郑成功收复台湾

郑成功（1624—1662），福建泉州南安人，明末清初的军事家，也是民族英雄等。而最让人佩服的是，他曾成功地收复了台湾。

郑成功的父亲是南明将领，在乱军中向清朝投降。郑成功对父亲的行为非常不满，他率领父亲旧部在中国东南沿海抗清，成为南明后期主要军事力量之一。

郑成功雕像

郑成功率领军队在厦门驻扎。清政府的军队想方设法地断绝了郑军的粮食供应，被逼无奈的郑成功只好决定将台湾作为自己的反清根据地。当时的台湾已经落入荷兰人的手中，而对于郑成功而言，夺回台湾是刻不容缓的事。

于是，他率领将士们驾驶着几百艘战船从金门浩浩荡荡出

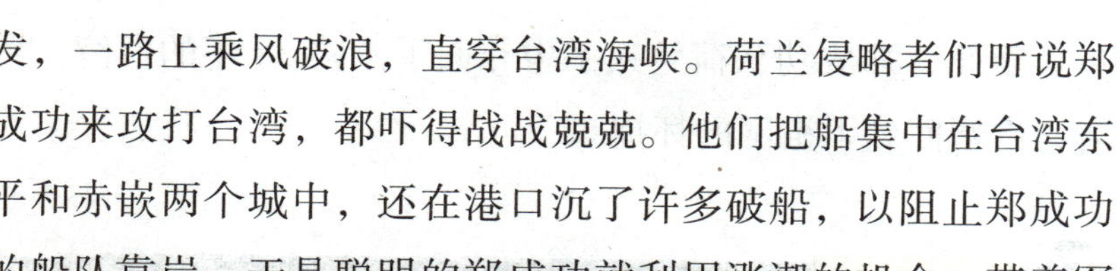

发，一路上乘风破浪，直穿台湾海峡。荷兰侵略者们听说郑成功来攻打台湾，都吓得战战兢兢。他们把船集中在台湾东平和赤嵌两个城中，还在港口沉了许多破船，以阻止郑成功的船队靠岸。于是聪明的郑成功就利用涨潮的机会，带着军队登上了台湾岛。

台湾的百姓们见到郑成功的军队，就像是见到了久未谋面的亲人一样，对他们表示热烈的欢迎。这为郑成功的军队提供了不小的帮助。此时的荷兰侵略者还在继续调动船队，以阻止郑成功军队的进一步深入。郑成功指挥舰队把荷兰军队重重围住，并且采取前后夹击的战术，60 多艘战船一起发炮将荷兰军舰全部击沉了。荷兰人见打不过郑军，就改变了策略，他们派使者前来说和，并且承诺如果郑军退出台湾岛，他们就献上白银 10 万两。

可是，郑成功义正词严地说："台湾是中国的领土，是不可分割的！它理应回到祖国的怀抱。如果你们不走，我就只能把你们轰出去。"使者见郑成功意志坚定，只好离开了。接着郑成功又派军攻打盘踞（pán jù：非法占据，霸占）在赤嵌城的荷兰军队，遭到荷兰侵略者的顽固抵抗。双方僵持日久，赤嵌城的荷兰军的水源被郑军切断，见外援无望，只得向郑军投降。另一方面，台湾城中的荷兰军在奋力抵抗的同时，也在等待城外的荷兰军救援，而这已经是不可能的事了。所以城中的荷兰军队在被郑成功的军队困了八个月之后，终于乖乖地举起了白旗。

至此，郑成功从荷兰人手中夺回了沦陷38年的台湾，台湾又重新回到了祖国的怀抱。

郑成功的父亲

郑成功的父亲叫郑芝龙，是东南沿海一带活跃的海商兼海盗，为郑成功留下了强大的海上市场基业，是大航海时代东南亚地区举足轻重的人物。朝廷曾派他做官，后于1655年入狱，1661年被杀。

第六章

印度文明

吠陀时代

在印度有一个著名的“吠陀时代”，这是印度历史上的一个重要时期。大家一定会奇怪，什么是“吠陀”呢？现在我们就对这个时代进行一下了解。

“吠陀时代”出现于哈拉巴文化消亡以后，分为前后、两个时代。

公元前1750—前1200年间，是早期吠陀时代。雅利安人进入印度后，征服了当地的原住民。当时，人们过着农耕和畜牧生活，他们崇尚大自然的力量，祭祀多种神灵。在祭祀仪式中，祭司们除了要准备食物、火，还要吟唱赞歌，众所周知的《梨俱吠陀》就是祭典中所吟唱的一部赞歌集，它出现的时期最早，因此它所反映的时期被称为“早期吠陀”。除此之外，还有反映“后期吠陀时代”的《沙摩吠陀》《耶柔吠陀》和《阿闼婆吠陀》。

这一时期丰富的传说资料都收集在“吠陀”文献中，吠陀（fèi tuó：知识）时代由此得名。编纂“吠陀”的正是“雅利安人”，“雅利安人”的意思是“高贵的人”。

雅利安人在印度定居后，逐渐积累财富，他们在原来的氏族公社制度的基础上建立了国家。原先的军事首领摇身一变，成为世袭的君主。他们将王权与神权结合起来，对国家实施统治。

到了吠陀时代后期，随着奴隶制的发展和社会的分化，颇具民族特色的种姓制度和婆罗门教出现了，种姓制度把人分为四个等级，即婆罗门、刹帝利、吠舍和首陀罗。婆罗门即僧侣阶层，地位最高，为第一种姓，掌管国家的祭祀和文化教育。第二种姓为武士阶层（含国王），称为刹帝利，负责作战和行政管理。第三种姓称为吠舍，就是普通平民，从事经商和贸易。地位最低的第四种姓称为首陀罗，主要是从事农业、手工业的劳动者。与前三个等级不同，首陀罗的地位十分低下，他们甚至没有参加宗教仪式的权利，属于“非再生族”。

在种姓制度产生之前，一个家庭里的人可以从事不同的职业，身份也可上可下，但是在种姓制度确立后，人的社会

婆罗门教庙宇

地位被固定住了，家庭出身决定了人的等级，子子孙孙只能沿袭家庭的身份，世代不变，而且各等级之间严禁通婚，印度人民在法律面前不再平等。这种制度就像一道沉重的枷锁牢牢地套在人民的身上。

为了防止人民的反抗，婆罗门教在精神上大肆宣扬前世的功或业决定着人生的痛苦与欢乐，让人民安于现状，把幸福的希望寄托于来世，以此来麻痹（má bì：使失去警惕性、疏忽大意）人民。

“吠陀”对于印度雅利安人来说，就如同古希腊人的《荷马史诗》一样，也是史诗，我们能够从“吠陀”中了解到当时的社会经济状况和对印度的历史影响深远的婆罗门教和种姓制度。

雅利安人

在历史上，雅利安人原是俄罗斯南部草原上的一个古老民族，雅利安人分成若干支从这里向欧洲和亚洲迁移。其中，一支雅利安人在中亚的阿姆河和锡尔河之间的平原上定居下来，这支雅利安人大约在公元前14世纪，南下进入南亚次大陆，这就是印度古代文献中所称的雅利安人，另一支雅利安人则进入伊朗。

从暴君向仁主的蜕变

阿育王是印度帝王中最具知名度的一位，他的影响力在印度帝王中居于首位，他是印度孔雀王朝的第三代君主，又称无忧王，是一位虔诚的佛教徒。

公元前325年，征服印度河流域的马其顿国王亚历山大撤走后留下了一支军队，同时，在旁遮普设立了总督。之后，马其顿军队被旃陀罗笈多组织的当地武装赶走。随后，难陀王朝被推翻了，新的王朝建立。因为旃陀罗笈多家族是养孔雀的，所以人们把这个新王朝叫作“孔雀王朝”。

旃陀罗笈多死后，国王的宝座由他的儿子宾头沙罗继承。在宾头沙罗王众多的王子中，阿育王不过是其中之一。

公元前283年，宾头沙罗去世。此后，他的子女们为了争夺王位而展开了残酷的斗争。阿育王杀掉自己的99个兄弟姐妹后，终于把王位抢到手了。4年后，他正式举行了登基大典。登上王位后的阿育王开始积极地对外扩张，羯陵

四狮雕塑——印度的象征

阿育王香炉

伽远征是其中规模最大的一次。羯陵伽是一个拥有 6 万步兵、1 万骑兵、几百头战象的强国，位于孟加拉湾沿岸。阿育王正是看中了它强大的军事力量和经济力量，才决定攻打它。

在阿育王登基典礼后的第八年，也就是公元前 262 年左右，他开始进攻羯陵伽。这次战役以羯陵伽失败而告终，15 万羯陵伽人成为俘虏，被杀掉的有 10 万人之多。

阿育王亲眼看见了屠杀的场面，深感悔悟，于是停止了扩张。在高僧优波毱多的感召下，阿育王皈依（guī yī：指身心归向、依托）了佛教。

皈依佛教后的阿育王对以前的行为非常后悔，他向全国人民宣布，再也不会发动战争。

以后，阿育王果然言行一致，不再攻打邻国，专心于宣扬佛法。

在治理国家上，他也采用佛教的伦理道德，用仁慈的思想来管理人民。

他不但对人宣扬仁慈，而且对待动物同样仁慈。

他宣布废除国内斗兽之类的娱乐，又限制了贵族们喜欢的狩猎游戏，并且在祭礼中也不再杀戮（shā lù：杀害、屠杀）

动物。

不久，他还将佛教尊为印度的国教。同时，他还允许其他教系在全国传播和发展。为了光大佛教，阿育王还召集了一大批高僧编修整理佛经，并在各地修建佛教寺院和佛塔。

在他的带领下，他的子女也成了佛教友好的使者，他的女儿在去锡兰（今天的斯里兰卡）传教时，还栽种下一棵神圣的菩提树，据说这棵菩提树现在还活着呢。

经过与其他各国的传教往来，佛教被传播到埃及、叙利亚、缅甸、中国等地，佛教由此走向世界。

阿育王和平宽容的政策让百姓对他充满爱戴，人们称他为“伟大的阿育王”。在他的统治下，孔雀王朝成了印度历史上第一个强大的统一帝国。

佛教

佛教是世界三大宗教之一，是由迦毗罗卫国王子乔达摩·悉达多所创，因为他属于释迦族，人们又称他为释迦牟尼。佛教重视人类心灵和道德的进步和觉悟。佛教信徒修习佛教的目的是发现生命和宇宙的真相，最终超越生死和苦难，断尽一切烦恼，得到最终解脱。佛教传入我国的时间到现在都不太清楚，但是普遍认为是汉明帝最早派遣使者至西域广求佛像及经典，他还在洛阳建立了第一座官办寺庙——白马寺。白马寺为我国佛教寺院的发祥地。

莫卧儿王朝的建立

巴布尔率领军队打败了易卜拉欣，占领了北印度，建立了莫卧儿王朝。接下来，他的儿子、孙子一代代统治着莫卧儿帝国。

16 世纪初，洛提王朝统治着北印度，这一王朝是阿富汗人建立的，这时当政的是第三代国王易卜拉欣·洛提。他非常凶狠，经常随意杀掉大臣，因此人民非常憎恨他，整个国家动荡不安。巴布尔是中亚的费尔干纳王国的国王，他早就想占领印度了，于是便趁着印度内乱，决定发动进攻。1525 年 11 月，巴布尔带领两万多人进攻印度，易卜拉欣带领十万人出城迎战。1526 年 4 月，两方军队都来到朱木拿河边一个叫帕尼帕特的地方。

这个地方对巴布尔来说非常重要，只要攻下帕尼帕特，他就能轻易地占领印度。战争进行得很残酷，易卜拉欣被杀死了，他带领的军队被打得落花流水，士兵死了两万人，其他人都逃跑了。

攻下帕尼帕特的第六天，巴布尔就率领军队占领了印度首都德里，从此，印度开始被莫卧儿帝国统治。后来，巴布尔又继续征战，彻底消灭了洛提王朝的残余势力，稳定了自己的统治地位。

1530 年，巴布尔去世了，他的儿子胡马雍继承了皇位。但是，巴布尔的另外 3 个儿子都想当皇帝。于是，胡马雍跟他们争斗了很长时间。有一次，胡马雍被赶出印度，不过最后他又打回来，重新当上了莫卧儿帝国的皇帝。

不幸的是，他刚当了半年皇帝，就摔死了，那是1556年，他的儿子阿克巴继承皇位。当时阿克巴才13岁，但他聪明过人，4年后，也就是1560年，阿克巴亲政（qīn zhèng：特指幼年继位的帝王，成年后亲自执政）。

阿克巴是一位杰出的皇帝，他创建了印度的中央集权制度。具体制度是：皇帝的权力是至高无上的，皇帝之下是4个大臣，分别掌管军事、财政、司法和工商业。并且所有的大臣都有军阶，都按军事方式编制。军阶一共有33级，不同军阶的人可指挥的人数不同，最低一级只能指挥10个人，最高的一级能指挥13000个人。

莫卧儿帝国遗迹

阿克巴采取了怀柔和战争两种手段，一边安定印度内部，一边向外扩张领土。

1605年，阿克巴去世。在他当政的40多年中，他不但统一了北印度，还占领了南印度的一部分。他把一个有着内忧外患的弱小国家，建设成为一个繁荣富强的大帝国。

第一次帕尼帕特战役

巴布尔是中亚的封建主，他被乌兹别克人逐出中亚后，退居喀布尔。见印度内乱，他便向印度发展。他迅速掌握了刚在伊朗高原使用的新式火器，率领人马和火器占领了旁遮普平原后，向印度首都德里进军。巴布尔的部队与阿富汗军队在帕尼帕特开战。本来阿富汗军队人多势众，但巴布尔军队有火炮。巴布尔先用火炮在前面进攻，再带骑兵从侧面进攻，突袭阿富汗军军队。最终巴布尔在帕尼帕特战役中取得了胜利。

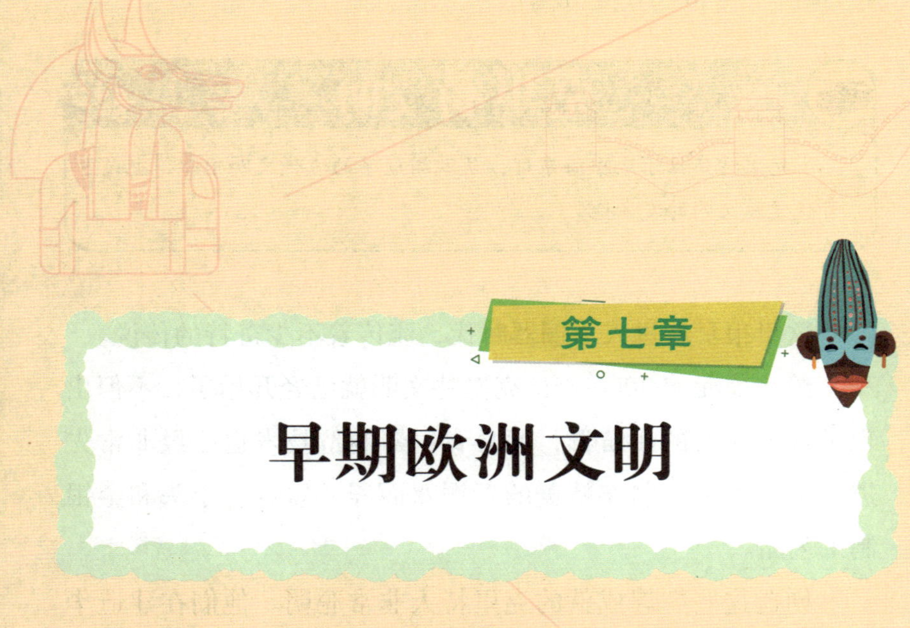

第七章

早期欧洲文明

克里特文明

克里特岛位于地中海东部，是欧洲最早的古代文明中心，也是古代爱琴文明的发源地。

这里很早就进入了铜器时代，流传着不少奇特的传说。

约在公元前 3000 年，克里特文明就已经开始了，不但出现了规模庞大的建筑群，而且青铜器制造技术也已经非常先进，出现了不少制作精美的青铜双面斧、短剑、矛头和金银制工艺品。

创造这些辉煌成就的克里特人非常聪明。他们在建造华美的宫殿的同时，还发明了象形文字。这一切被人们统称为

克里特岛文明遗迹

克诺索斯宫殿遗迹

克里特文明。

这座岛上最著名的建筑要数克诺索斯宫殿，传说这座宫殿的主人就是米诺斯王。20 世纪初，英国考古学家阿瑟·埃文斯通过挖掘，找到了传说中的米诺斯王朝的迷宫。

这座宫殿占地 22000 平方米，坐落在爱琴海南端的克里特岛一座小山的缓坡上，是一组庞大而复杂的建筑群，全部用石料砌成，规模宏大，大厅、宫室、仓库、作坊等一应俱全，共有大小房屋 1500 余间，宫内密布阁楼，走廊迂回曲折，错综复杂的布局让人眼花缭乱，难怪会有“迷宫”之称。

约公元前 1700 年—公元前 1400 年，王宫在被毁掉后重新修建。重建后的王宫比以前更加壮观。王宫的墙上有不少的壁画，虽然历经几千年，但是这些壁画还像刚刚完工一样色泽鲜艳。从长廊里庆典游行的画卷中，我们能了解到当时国王和贵族们的活动和集会景况。

这些壁画体现了当时高超的绘画艺术。

就是这样一个集中了高度文明的地区，突然之间在3000多年前神秘消失了。究竟是什么原因让这个古老的文明从人间蒸发了？这成为困扰考古学家的一个难解之谜。

根据地下埋藏数千年的橄榄枝，丹麦学者做出如下解释：克里特文明很可能毁于1万年来最大规模的火山喷发。

科学家说，大约在3600多年前，一座火山在锡拉岛上突然猛烈喷发，火山灰随风飘散到格陵兰岛、中国和北美洲。火山喷发还引发了大海啸，距离锡拉岛100多千米的克里特岛在高达12米的巨浪席卷下，遭遇了连续几年的农业歉收，克里特文明就是在这样毁灭性的打击下迅速衰亡的。

历史聚焦 LISHI JUJIAO

锡拉岛

锡拉岛是希腊基克拉泽斯群岛中最南端的岛屿，在爱琴海西南部。岛上东半部有喷发火山的遗迹，并有60千米的潟湖（xì hú：被沙嘴、沙坝或珊瑚分割而与外海相分离的局部海水水域），湖中心有活火山，最高峰普罗菲蒂斯海拔556米。全岛多熔岩和浮石多地震，1956年的大地震所造成的损失颇为惨重。经考古发掘，人们发现该岛在青铜器时代已与克里特岛有密切联系。

希腊迈锡尼文明的兴衰

迈锡尼文明得名于伯罗奔尼撒半岛的迈锡尼城，它是希腊青铜时代晚期的文明，知名度不亚于克里特文明。它有哪些成就呢？

以德国学者施里曼为代表的考古学家，于19世纪后半叶在伯罗奔尼撒半岛广泛进行了考古发掘，终于使埋没了几千年的迈锡尼文明重现于世人眼前。

施里曼认为自己寻找到的正是《荷马史诗》（包括《伊利亚特》和《奥德赛》）中所描写的世界。

他在迈锡尼最著名的“阿伽门农墓”墓穴中发现了一个

阿伽门农墓

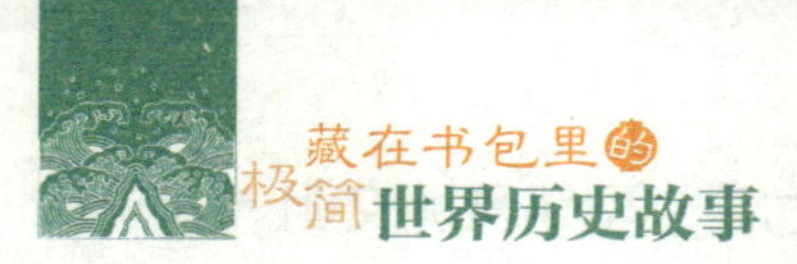

金箔（jīn bó：用黄金锤成的薄片）面具，这个面具就是“阿伽门农面具”。另外，他还发掘出了“涅斯托耳宫”。他的这些发掘成果说明了当时迈锡尼的繁荣程度。

公元前 1400 年前后，迈锡尼文明进入全盛时期，在文特里斯成功释读（shì dú：考证并解释古文字）了线形文字乙种（线文 B）后，人们对于当时城邦的情况有了更深的了解。

当时的城邦由王权统治，贵族组成的贵族会议和公民组成的民众大会共存。

土地分成公有和私有两类，掌握在由国王、贵族、僧侣构成的奴隶主阶级手里。

社会以公社为单位，由长老管理，长老有权领导公社内

狮子门遗迹

的日常生产，并负责向公社成员征收赋税。

除了农业，迈锡尼的手工业和海外贸易也十分发达。从考古学者在迈锡尼发掘出著名的“狮子门”和具有极强装饰性的宫廷壁画、金银陶器制品中都不难看出，这里的工艺品比克里特岛的更精美。

公元前12世纪的最后几年，迈锡尼文明走向了衰亡的终点。

人们将该文明的消失归结于两点，一是多利亚人的入侵，二是内部矛盾的加剧。无论什么原因，迈锡尼文明确实在希腊历史的地平线上消失了。

《荷马史诗》

《荷马史诗》是古希腊文学中最早的一部史诗，也是最受欢迎、最具影响力的文学著作。它是欧洲叙事诗的经典范例，内容丰富多彩，故事情节和人物形象为后世欧洲的诸多作家提供了丰富的素材。相传由古希腊盲诗人荷马创作，为两部长篇史诗《伊利亚特》和《奥德赛》的统称。

奥林匹亚赛会

奥林匹克运动会是古代希腊生活中一项极为重要的事件，当运动会召开时，即使战争，也要给它让路。那么，这个运动会是怎么来的呢？它又为什么会有这么神圣的特权呢？

传说宙斯的儿子赫拉克里斯是个大力神，他曾经在希腊一个叫作伊利斯的城邦，完成了12件凡人难以完成的大功绩。

据说伊利斯的国王养了3000头牛，牛圈由于长期没有清扫，所以非常脏乱。于是国王和大力神打赌，如果大力神能在一天内把牛圈清理干净，国王就送给他300头牛。

赫拉克里斯接受挑战后，让国王的儿子阿提斯担任裁判。他把河水引来，一天之内就冲刷干净了原本污秽（wū huì：肮脏、不干净）的牛圈。阿提斯判定赫拉克里斯得胜，但伊利斯国王却想赖账，还打算把赫拉克里斯杀掉。最后，在宙斯的帮助下，赫拉克里斯识破了伊利斯国王的奸计。

为了感谢公正的阿提斯，赫拉克里斯划出一片圣地，用来举行盛大的祭祀和赛会活动，场地就以阿提斯的名字命名，此后，这里就成了奥林匹亚的圣地。

不过真正让奥林匹亚赛会的传统恢复起来的人是伊利斯国王伊菲图斯。

传说伊利斯城邦里面曾经瘟疫（wēn yì：流行性急性传染病的总称）肆虐，为了化解居民们的灾难，伊菲图斯祈求

神灵给予指引，得到的神谕就是恢复古代奥运会的传统。

于是，奥林匹亚赛会以后都会每四年定期召开。后来，这个传统一直沿袭到现在的奥运会。

公元前776年，第一届奥运会正式召开。随着奥运会的影响力不断扩大，古希腊人不断对城市进行改进，希望建成最好的竞技赛场。

当时的奥林匹亚竞技场看台是依山而建的，场内的东西两端各有由石灰岩砌成的一条起跑线。练习场、圣火坛和祭祀地分布在竞技场附近。

当时竞技的项目很少，只有短跑，后来才增加了摔跤、掷铁饼、赛马等项目。马术比赛项目是观众最喜欢的。因为要参加这项比赛，必须接受专业的训练，所以参赛者大都是

古奥林匹亚遗址遗迹

宙斯雕像

贵族。

在比赛结束后，优胜者还会戴上表示荣誉的桂冠，受到人们的崇拜，甚至被奉若神明。

在运动会的闭幕式上，优胜者还将受到“国宴”的款待。诗人们会给他们送上赞美诗，雕塑家也会为他们建造雕像。

当这些人回到家乡时，大家会像迎接英雄一样来迎接他们。

历史聚焦 LISHI JUJIAO

宙斯

宙斯，希腊神话中的主神，第三任神王，罗马神话称朱庇特。木星的名字也起源于宙斯。克洛诺斯和瑞亚之子，掌管天界。他以雷电为武器，维持着天地间的秩序，公牛和鹰是他的标志。他的兄弟波塞冬和哈迪斯分别掌管海洋和地狱，女神赫拉是宙斯的妻子。

第八章

南美印加文明

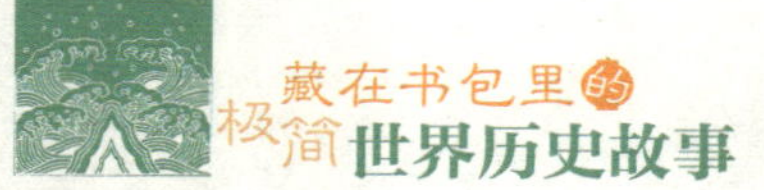

奥尔梅克文明

墨西哥的中南部存在美洲最古老的一处文明，这就是奥尔梅克文明。这个被称为印第安文明之母的文明究竟有哪些了不起的影响呢？让我们一起去看看！

根据可考证的历史资料证明，奥尔梅克文明存在的时间段大约相当于中国的西周，比著名的玛雅文明还要早 1000 年。

当时的人们以农业为生，处于半游牧半农耕的原始状态。

他们是玉米最早的种植者，不仅如此，奥尔梅克人还发明了一种橡皮球游戏，现在这种游戏依然在各地广泛流传，成为人们喜闻乐见的活动项目。

奥尔梅克文明遗迹

墨西哥南部韦拉克鲁斯州和塔瓦斯科州一带是奥尔梅克文明的主要分布区域，中美洲的玛雅文明、阿兹特克文明都受到奥尔梅克文明的影响，它们在建筑艺术、社会生活等方面具有很强的一致性和历史继承性。

巨石头像

在奥尔梅克文明中，有不少特有的雕像，这些雕像都有着厚厚的嘴唇和凝视的眼睛。

雕像体积庞大，栩栩如生，尤其令人感到震撼（zhèn hàn：指心理受到强烈冲击）的是，雕刻雕像的石头全都从远处运来。在当时没有起重机等设备的情况下，这些沉重的玄武岩石块儿是怎样从遥远的火山区运来的呢？奥尔梅克人又是用什么方法把这些巨大的石头打磨成石头头像的呢？其中的奥秘确实耐人寻味。

科学家认为奥尔梅克人雕刻的这些石像很可能是当时帝王的纪念碑。究竟答案如何，还不能肯定，唯一能肯定的是奥尔梅克人充满了智慧。

在墨西哥民间流传着这样一个传说：古老的拉文塔族生活在远古时代的密林里，他们的城市如同仙境般美丽，文明高度发达。

在传说的吸引下，墨西哥考古学于 1938 年组织了一支考古队，去寻找这个古老的民族。令人感到意外的是，考古队的进展非常顺利，他们在拉文塔族森林里发现了 11 座巨石头像，最重的一座竟然有 20 吨重。考古队通过这一线索继续寻觅，最终又发现了两处位于墨西哥湾沿海地区的遗址（yí zhǐ：人类活动过的遗迹）：一处是拉文塔，一处是特雷斯·萨波特斯。经过碳 -14 测定，这两处遗址出现的时间是公元前 1300 年左右，这是目前发现的中美洲最早的文明遗址。二十多年后，圣洛伦佐遗址也被人们发现了。这三处遗址正是古代墨西哥奥尔梅克人的居住地，奥尔梅克文明逐渐向世人展开。

碳 -14 年代测定法

碳 -14 年代测定法，又称放射性碳定年法，就是根据碳 -14 衰变的程度来计算出样品的大概年代的一种测量方法。这一方法通常用来测定古生物化石的年代。

碳 -14 年代测定法由美国加州大学伯克利分校博士威拉得·利比发明，威拉得·利比因此获得了 1960 年诺贝尔化学奖。

印加帝国的灭亡

在人类的发展历史上，有很多古老文明的存在，它们是人类智慧的结晶。例如，古印度、古中国、古巴比伦、古埃及和古印加文明。其中古印加文明已经消失在历史长河中，我们今天就来了解一下古印加帝国。

在南美洲的安第斯山区居住着一些部落，他们有的属于艾马拉语系，有的属于奇楚亚语系，有的属于其他语系。在很早以前，他们就创造了高水平的农业文明。印加人就是奇楚亚语系的一个部落，在 12 世纪时，他们建立了印加国，把库斯科作为首都。

13—15 世纪时，印加人还处于部落联盟时期，到 1438—

库斯科的马丘比丘遗迹

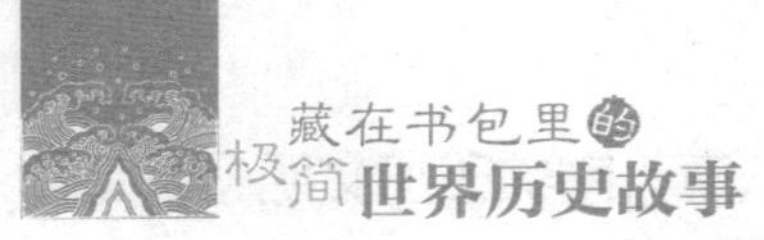

1533年，印加国发展成为奴隶制国家，并且比较统一和强大，人口已经达到600万，在地域上也很广大，秘鲁是其中心，还有厄瓜多尔、哥伦比亚、玻利维亚、智利和阿根廷的一部分。

印加帝国设立了完备的统治机构，拥有最高权力的当然是国王，大家都认为国王是“太阳之子”，是神的化身。

印加人非常勤劳，为了扩充耕地面积，他们建设梯田，将泉水引到田里灌溉。他们培育的农作物有40多种。所以说，在人类农业文明的发展过程中，印加人做了巨大的贡献。在畜牧业方面，印加人主要驯养羊驼和美洲驼，驼主要用于运输。

印加城堡遗址圣殿山

太阳神庙遗址

另外，羊驼的油脂、肉、皮、毛也是很有价值的，能解决人们的衣食之忧。

除了农业和畜牧业方面，印加人在医药、纺织技术、驿道交通、建筑工程、采矿冶金等方面也取得了很大的成就。例如，他们会制作木乃伊，能保存尸体；在纺织业方面，他们的棉、毛织品工艺精湛、别致精美；在交通方面，他们修了两条道路，都纵贯全国，其中一条穿山而过，一条沿海而建，中途有很多隧道和吊桥，全长 2000 多千米；在建筑方面，我们不得不提库斯科的太阳神庙，它由石块儿堆砌而成，在石块与石块儿之间没有用灰浆，却没有一点儿缝隙，连一个刀片也插不进去，整个巨大建筑还用宝石和黄金装饰，宏伟而

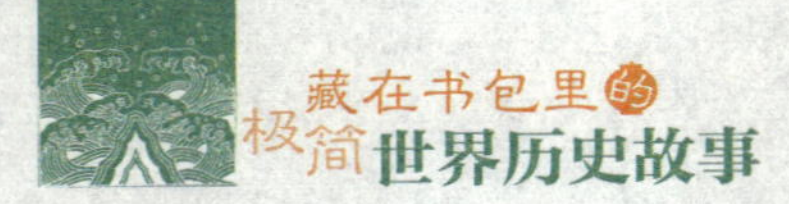

壮丽；在冶金技术方面，他们很早就学会了冶炼青铜，用铜、铝、锡、金、银等金属制造出各式各样的装饰品和精美的器皿；他们的制陶工艺也非常精巧，陶罐、陶盆上大都雕着美丽的图案。

同时，印加人掌握了丰富的科学文化知识，他们崇尚天体，尤其崇拜太阳，在库斯科建立了观象台用来观测太阳，根据太阳的位置来安排农事以及祭祀的时间。他们没有文字，一直采用结绳记事的方式记录生活。因此，他们开始创办学校，把奇楚亚语作为官方语言加以推广。

1531 年，西班牙殖民者在皮萨罗的带领下攻入印加帝国。第二年，印加王阿塔瓦尔帕在被捕后惨遭杀害，印加帝国灭亡。

历史聚焦 LISHI JUJIAO

结绳记事

在文字出现之前，人们以结绳来记事，也就是在有事情需要记录时，就在一根绳子上打一个结。上古时期，印第安人和中国人都有这样的习惯，即使在近代，也还有一些没有文字的民族采用结绳记事的方式来传播信息。

第九章

希腊与罗马时期

雅典英勇的斯巴达人

斯巴达以其严酷纪律、独裁统治和军国主义而闻名。在伯罗奔尼撒战争中，斯巴达和它的同盟打败了雅典军队并且霸占了整个希腊。但斯巴达在称霸希腊后不久，便被新兴的底比斯打败，在北方的马其顿崛起后，斯巴达更是失去了其在希腊的影响力。

城邦指的就是这样一种国家，它以城市为中心，周围是乡镇。雅典是古希腊最强大的城邦，其次就是斯巴达。

“斯巴达”原来的意思是“可以耕种的平原”。它地处希腊半岛南部的拉哥尼亚平原。拉哥尼亚平原三面环山，中间有一块小平原。大约在公元前 11 世纪，一个叫作多利亚的希腊部落南下侵入拉哥尼亚，他们毁掉原有的城邦，在这里居住了下来。这就是多利亚人的斯巴达城，斯巴达人就是指来到这里的多利亚人。不过，斯巴达城既没有城墙，也没有像样的街道。

古斯巴达士兵雕像

斯巴达人把这里原有的居民变成奴隶，称为希洛人。他们把希洛人禁锢（jìn gù：封闭、束缚限制）在土地上，让他们从事农业生产。希洛人过着饥寒交迫、牛马不如的生活，他们每年还要交给奴隶主一半以上的收成。

斯巴达人崇尚（chóng shàng：推崇提倡）武力。整个斯巴达社会就是个管理森严的大军营，每个人都过着军事化的生活。

斯巴达人一落生，就要被抱到长老那里接受检查，如果长老认为这个孩子不健康，就会把这个孩子丢到荒山野外的弃婴场去。

古希腊斯巴达风格头盔

父母会把男孩子抚养到7岁。父母从小就注重培养他们独立、勇敢的习惯，等过了7岁，孩子就要被编入到团队中过集体的军事生活了。他们必须对首领保持绝对地服从，还被要求增强勇气、体力和残忍性。

他们在那里还要练习跑步、掷铁饼、拳击、击剑和殴斗等，每年在节日敬神时，他们都要被皮鞭鞭打一次，谁也不许求饶，更不许喊叫。

当这些男孩子到了20岁后，他们就成为正式的军人了。他们要到30岁才可以娶妻生子，但每天还要参加军事训练，到了60岁时才能退伍，但仍然是预备军人。

斯巴达的女孩儿过了7岁后，仍然可以留在家里，从事体育锻炼。斯巴达人认为，只有身体强健的母亲，生下来的孩子才能成为刚强的战士。

斯巴达人根本不将文学艺术、自然科学放在眼里，在斯巴达城里，几乎看不到什么宏伟的建筑物，当然，他们也鲜有精致的艺术品流传到后世。斯巴达人不断地压迫和剥削希洛人。英勇的希洛人多次举行起义，斯巴达人只好恢复了希洛人的自由，但斯巴达的统治也因此受到沉重的打击，一步步走向衰亡。

沉默寡言的斯巴达人

斯巴达人被要求说话必须简洁明了，不能多说话，更不能说没有用的话。因此，他们从小就养成了沉默寡言的习惯，他们说话就像使用军事口令那样。据说，有一个国王威胁斯巴达国王，要斯巴达听从他的命令，否则就要攻打斯巴达，可斯巴达的国王只回答了一字："请。"后来，人们把这种简洁的回答称为"斯巴达式的回答"。

亚历山大率兵东侵

亚历山大，出生于马其顿王国首都派拉城，曾是古希腊著名学者亚里士多德的学生，18岁随父出征，20岁继承王位。他博学多才，擅长打仗，领军征战欧亚非大陆，广泛传播了古希腊文明，是世界古代史上著名的军事家和政治家。

公元前336年，马其顿国王腓力二世遇刺身亡，其子亚历山大继位（公元前336—前323年在位）。他出兵镇压了希腊各邦的反抗，接着趁波斯帝国濒临崩溃（bēng kuì：瓦解溃散）之机，以发动对波斯的战争来转移希腊各邦反抗马其顿的视线，并适应希腊工商业奴隶主扩大对东方贸易的要求，大举入侵东方。公元前334年，他率步兵3万、骑兵5000、战舰160艘，越过赫勒斯滂海峡进入小亚细亚，在格拉尼库河附近打败波斯军队。他还用外交手段，使小亚细亚诸城不战而降，占领了小亚细亚。公元前333年，亚历山大在伊苏斯城附近打败波斯王大流士三世，并俘虏其家眷。此后他挥军南下，攻取腓尼基，并于公元前332年进入埃及。他自称

腓力二世像

太阳神阿蒙之子，得到埃及祭司（jì sī：古代主持宗教祭祀活动的人）的拥护，并在尼罗河三角洲西部建亚历山大里亚城。公元前 331 年，亚历山大率军经巴勒斯坦、叙利亚入两河流域；同年 9 月，在高加米拉与波斯军队决战。波斯军队虽号称百万，但终因缺乏战斗力和指挥不当而彻底失败，大流士三世逃至巴克特里亚（大夏）被杀。战后，亚历山大东进，先后攻占波斯的大城市巴比伦、首都苏撒和旧都帕赛波里斯。公元前 329 年，亚历山大进兵中亚，侵入帕提亚、巴克特里亚、索格第安那（粟特）等地，遭到当地人的激烈反抗。北上受挫，亚历山大继而转向南方。公元前 327 年，亚历山大从中亚攻入印度，占领印度河上游地区。时值气候不适，士兵厌战思归，

亚历山大大帝雕像

加上当地居民的抵抗，亚历山大被迫撤军。公元前326年冬，亚历山大率军沿印度河南下，直达印度河三角洲。然后，他亲自率军队取陆路，命海军将领涅阿尔库斯率军取海路西行，于公元前325年返抵巴比伦。至此，亚历山大东侵结束。经过10年的东征，亚历山大建立了西起希腊，东至印度河流域，南括埃及，北抵中亚的幅员辽阔的大帝国。亚历山大东侵给被征服地区造成了深重的灾难，但在客观上促进了东西方经济、文化的交流。

所罗门王结

亚历山大大帝领兵攻打到亚细亚的弗里吉亚时，听说城里有个著名的预言：几百年前，弗里吉亚的戈迪亚斯王在它的牛车上系了一个复杂的绳结，并宣告谁能解开它，谁就会成为亚细亚王。这个结已经存在数百年了，可人们连绳头都找不到，更别说解开它了。亚历山大大帝听到后很感兴趣，就决定去看看。可他也没有找到绳头。他想：“何不用我的行动规则来解开它呢？”于是，他抽出宝剑，把绳结劈成了两半，绳结就这样被“解开”了。

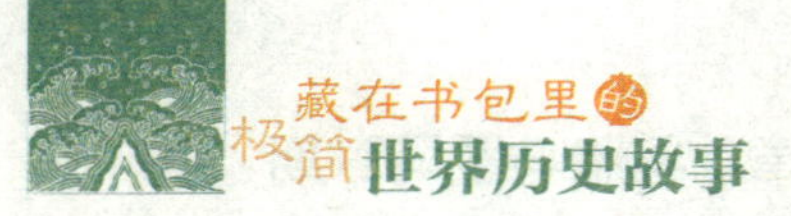

特洛伊战争

说起特洛伊木马，大家都不陌生，这只木马正是在特洛伊战争中出现的。关于这场战争，其起因和结果是怎样的呢？

在希腊神话传说中的天神宙斯和厄勒克特拉的儿子达耳达诺斯是特洛伊的王族始祖。

传说达耳达诺斯在萨摩色雷斯岛（位于爱琴海北部）遇上透刻罗斯，并与他来到小亚细亚。后来，达耳达诺斯娶了透刻罗斯的女儿，并建立了达耳达尼亚王国，这个王国就是特洛伊的前身。

达耳达诺斯死后，他的孙子特罗斯将国家改名为特洛阿德，国民称为"特洛伊人"。

传说中的特洛伊城就是由特罗斯的儿子伊洛斯建立的。相传伊洛斯为了纪念他的父亲而将此城命名为特洛伊，宙斯还将一座守护神的神像赐予特洛伊城。

特洛伊战争是由美女海伦引起的。特洛伊王子帕里斯将斯巴达国王墨涅拉奥斯的妻子海伦拐走后，为了夺回美丽绝伦的妻子，斯巴达国王向他的哥哥迈锡尼国王阿伽门农求助，阿伽门农遂亲自率领一千多艘战船朝着特洛伊城进攻，长达10年的特洛伊战争就此开始。

爱神阿芙罗狄忒在这件事中充当了帕里斯的帮凶。这位女神之所以这么做，全都是因为一个金苹果。据说，在一场重要的婚礼中，众神都获得了邀请，只有女神埃里斯没有收到请柬（qǐng jiǎn：请帖）。于是气愤的埃里斯便心生诡计，用一个金苹果挑起了赫拉、雅典娜及阿芙罗狄忒三个女神的争端，苹果上写着“给最美丽的女神”。

三位女神都认为自己最美，于是她们请特洛伊王子帕里斯来做裁决，为了诱惑王子把苹果判给自己，赫拉许诺给他至高无上的权力，雅典娜许诺给他最聪明的头脑，而阿芙罗狄忒则许诺将美女海伦给他做妻子。于是，帕里斯将苹果判给了阿芙罗狄忒，赫拉和雅典娜怀恨在心，决定将特洛伊人

雅典娜雕像

毁灭。

特洛伊城被斯巴达大军围困了 10 年。有一天，战场突然平静下来，希腊人不见了踪迹，战场上只剩下一只巨大的木马。特洛伊人高兴得把木马拉进了城里。

特洛伊的祭司拉奥孔警告（jǐng gào：告诫、使警觉）特洛伊人不要把木马引入城中，他的警告并没有引起特洛伊人的重视，却触怒了希腊的保护神雅典娜。于是，女神派出两条巨蛇咬死了拉奥孔和他的两个儿子。特洛伊人在获得木马后，在城内举行了盛大的狂欢。

特洛伊人沉浸在和平的喜悦中，没想到后半夜，当特洛伊人醉倒在梦乡后，隐藏在木马里的希腊战士突然从木马中爬了出来，打开了城门，将隐藏在城外的希腊军队放入了特洛伊城，毫无防备的特洛伊军队被杀了个措手不及。就这样，战争以特洛伊人失败而告终。

雅典娜

雅典娜是希腊奥林匹斯十二主神之一，罗马名字为弥涅耳瓦。在远古的神话中，雅典娜是一位女天神，是乌云和雷电的主宰者，丰产女神和平劳动的庇护者，女战神。她教会人们驯养牛马、制造车船；她赐予世人犁和耙、纺锤和织布机；她又是科学的庇护者、智慧女神；她赐予人间法律，维护社会秩序。

罗马和母狼

罗马有一座著名的青铜雕像，雕塑的是一只警觉的母狼目视前方，在它腹下是两个正在吮吸狼奶的男婴。据说这尊铜像与罗马的起源有关，究竟是怎么回事呢？

特洛伊城被希腊人攻陷后，一些侥幸（jiǎo xìng：意外获得成功或免除灾害）逃出的特洛伊人来到意大利半岛，建立了一个名叫亚尔巴龙伽的国家。

多年后，亚尔巴龙伽国王有一个弟弟，名叫阿穆留斯，他是个野心家，一心想取代国王的位置。

后来，阿穆留斯将自己的哥哥赶下台，还把哥哥的女儿西尔维亚驱逐出境，并强迫她去做修女，以免这位侄女生下

哥哥罗慕路斯，弟弟勒莫斯雕像

后代向自己复仇。

可是西尔维亚并没有去做修女，而是和战神玛尔斯相爱，并生下了一对双胞胎。

阿穆留斯大怒，不但将西尔维亚处死了，而且把两个孩子装在篮子里，扔进了台伯河。

没想到汹涌（xiōng yǒng：水势翻腾上涌）的台伯河水不但没把孩子淹死，还把篮子冲到了岸边。这对双胞胎被台伯河畔的一只母狼发现了，母狼并没有伤害兄弟俩，反而用乳汁喂养他们。后来，一个牧羊人收养了这两个孩子，他给哥哥起名叫罗慕路斯，给弟弟起名叫勒莫斯。

兄弟俩长大后，练就了一身好武艺，既强壮，又勇敢，一群放牧的人、流浪者和逃亡的奴隶聚集到他们身边，成为他们的好帮手。

在一次偶然的冲突中，弟弟勒莫斯发现了被赶下台的外公，这才知道了自己的身世。

兄弟俩决定铲除阿穆留斯，为自己的母亲报仇。

此时的阿穆留斯早就由于残暴、狠毒而失去了民心，老百姓都对他恨之入骨。

兄弟俩想攻打阿穆留斯的消息刚传出来，不少人就踊跃加入队伍中，阿穆留斯终于死在了这兄弟俩手里。

他们把王位交给自己的外公后，不愿依靠外公的力量，于是带着人马离开了，打算建立一座新的城市。这座新城市的地点正是他们出生后被抛弃地点——台伯河畔。

后来，兄弟俩在争夺新城市统治权的时候，发生了争端，最后弟弟被哥哥杀死，于是哥哥就把这座城市用自己的名字命名为罗马。

历史聚焦 LISHI JUJIAO

图拉真

图拉真是“罗马帝国五贤帝”之一。其他几位分别是：涅尔瓦、哈德良、安东尼·庇护和马可·奥勒留。图拉真出生在西班牙的一个军人世家，他的父亲是罗马殖民者在西班牙的后裔，母亲是西班牙人，他随父亲在军中长大，因此作战经验十分丰富。

图拉真是继恺撒以后罗马最大的、也是最后一位成功的扩张者和侵略者，他将罗马帝国的疆域扩大到前所未有的规模。

罗马国硬币

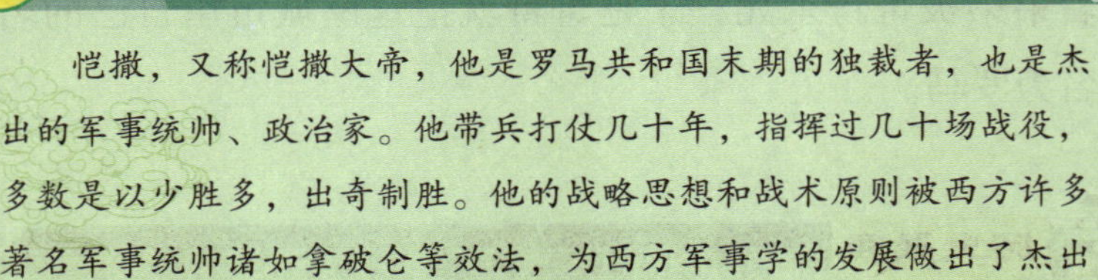

罗马的独裁者——恺撒

恺撒，又称恺撒大帝，他是罗马共和国末期的独裁者，也是杰出的军事统帅、政治家。他带兵打仗几十年，指挥过几十场战役，多数是以少胜多，出奇制胜。他的战略思想和战术原则被西方许多著名军事统帅诸如拿破仑等效法，为西方军事学的发展做出了杰出的贡献。

恺撒出身于名门望族，他在 7 岁时就被送进了专门培养贵族子弟的学校学习。他活泼开朗，又十分聪明，成绩很棒，总是得到老师的夸奖。而且恺撒总是有很多稀奇古怪的问题问老师，如果得不到答案，他是不会罢休的。

恺撒博览群书，十分喜欢古希腊文学，文笔也非常好，十几岁就发表了《赫库力斯的功勋》和悲剧《俄狄浦斯》。除了文学，他还喜欢各种各样的体育运动，像骑马、剑术等。

恺撒也很有正义感，年纪很小的时候，就敢于控告罗马总督贪污腐败。

公元前 60 年，恺撒与罗马另外两个统帅庞培、克拉苏秘密结成“三头同盟”，这是为了反对元老贵族而结成的同盟。

为了巩固同盟，恺撒还把自己 14 岁的独女嫁给了 50 岁的庞培。第二年，恺撒当选为执政官，又过了一年，恺撒担任高卢行省的总督。

后来，恺撒征服了骁勇善战的高卢民族，在不到 10 年的时间里，就占领了800多个城市，杀死和俘虏了200万人，还把高卢变成了罗马的行省。罗马的边境也被恺撒推进到莱茵河岸。不久，他又穿过海峡，攻下了不列颠岛（指现在的英国）。凭借着赫赫（hè hè：显赫盛大）战功，恺撒在罗马人中获得了很高的威望。

公元前49年初，恺撒成为罗马的“独裁者”。后来，他又铲除了和他作对的庞培，得到统治整个意大利半岛的权力。恺撒又得到了公民大会和元老院授予的终身荣誉头衔——“大将军”和“祖国之父”。

恺撒的权力越来越大，渐渐走向了军事独裁（dú cái：独揽政权、实行专制统治）的道路。这引起了一些固守罗马共和传统的元老贵族的严重不满，但是他们可不是为了人民的利益，而是为了自己的利益。他们总想找个机会把恺撒杀掉，于是秘密组织起一个阴谋集团。

公元前44年，恺撒要到元老院开会。虽然事先有人告诉他，这天有人要暗杀他，可他却认为带护卫是胆小鬼干的事，因此孤身一人去了元

凯撒雕像

老院。

一群元老给了恺撒一份陈情书，里面写的是元老们要求恺撒把权力交回议会。可是这陈情书是假的。

恺撒在读这份假的陈情书的时候，有一个人把恺撒的外套给脱掉了，这是行动的暗号，于是所有阴谋者都拿着刀剑向他扑来，刀剑刺在了他的身上。在这些人中，恺撒看到了他的义子布鲁图，恺撒用最后一点儿力气说了最后一句话:“我的孩子，也有你吗？”说完，就倒在地上死了。

恺撒是罗马帝国的奠基者。他死后，罗马的君主往往以“恺撒”作为皇帝称号。人们认为恺撒是一位杰出的政治家。

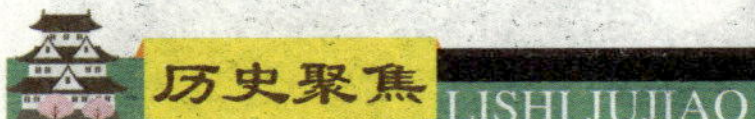

屋大维

屋大维既是凯撒的外甥，又是他的养子。凯撒死后，屋大维继承了他的权力。公元前30年，他平息了企图分裂罗马共和国的内战，给罗马带来了两个世纪的和平与繁荣。公元前27年，元老们根据屋大维对罗马的贡献，赠给他“奥古斯都”的称号，意为神圣、庄严、伟大。在他去世后，罗马元老院把他列入“神”的行列。屋大维统治罗马被认为是罗马帝国的开始。

罗马帝国的黄金时代

古罗马通常指从公元前10世纪初在意大利半岛中部兴起的文明，历经罗马王政时代、罗马共和国。公元1世纪前后，扩张成为横跨欧洲、亚洲、非洲的庞大罗马帝国。公元395年，罗马帝国分裂为东、西两部分。

公元96年，由元老院推举，旧贵族元老出身的涅尔瓦当上了皇帝，开始了安东尼王朝的统治。安东尼王朝是帝国皇权最为稳固的时期，被称为罗马帝国的“黄金时代”。在涅尔瓦统治期间，元老院的地位又得到恢复，并且实施了一些缓和社会矛盾的措施，但涅尔瓦遭到了军界，特别是边疆统帅们的反对。涅尔瓦在位2年后死去，战功卓著的日耳曼总督图拉真被推举为皇帝。图拉真即位后，实行较为温和的政策，

罗马的圆形剧场——万国宫遗迹

改善与元老院的关系，关心人民的疾苦，把帝国的疆土扩展到空前绝后的程度。从共和国末年起，罗马城内聚集了大量没有产业的自由民，大约有数十万之众。历代皇帝为了笼络（lǒng luò：拉拢、控制）这些人支持自己的政权，便利用发放救济粮和金钱补贴、举办娱乐活动和提供各种施舍的手段来收买他们。奴隶主们的生活穷奢极欲，越来越腐化。他们把体力劳动和文化教育工作都交给奴隶去做，自己尽情享乐，竞尚豪华。奴隶主的宅院里，厅堂壁画，庭园池水，无不齐备，而在这些高楼大厦之间却是大片的贫民区。图拉真的后继者哈德良独断专行，激起人民的反抗。公元132年，犹太人终于掀起了大规模起义，他们占领罗马殖民地，杀死殖民者，坚持斗争达3年之久，但终遭残酷镇压。继哈德良之后的安东尼·庇阿统治时期，被认为是罗马最为安定并且繁荣昌盛的时期。他对外采取防御政策，对内与元老院和睦相处。但好景不长，到马可·奥勒留统治时期，罗马的“黄金时代”就结束了。

从1世纪至2世纪，除四周边疆外，罗马境内的广大地区出现了“和平局面”，这为社会经济的发展提供了极为有利的条件。当时，生产工具和生产技术都有了较为明显的进步。这一时期，罗马兴起了一些著名的城市，如不列颠的伦丁尼姆（伦敦）、高卢的鲁格敦（里昂）等。罗马城已经成为全国的中枢，阿普亚、那不勒斯等城市也都成为手工业和商业的中心。迦太基等曾被摧毁的城市也开始复苏，亚历山大里

亚成为商品集散地和内外贸易的枢纽。

1—2 世纪，罗马帝国经济的繁荣和发展是建立在落后的生产技术和残酷剥削奴隶的基础之上的，因此这种繁荣局面不可能持久。到 2 世纪末，奴隶制帝国的危机已经开始明显暴露出来，至此罗马帝国的黄金时代已经走到了穷途末路。

作为罗马文化的一个重要组成部分，建筑艺术也是古罗马留给后世的一项宝贵遗产。罗马的建筑在共和国末期开始发展，到帝国时代达到空前规模。罗马最著名的建筑物是屋大维时代修建、哈德良时代重建的万神殿，这座神庙是古代神庙建筑艺术的最高成就之一。1 世纪晚期修建的哥罗赛姆大剧场是罗马剧场建筑的典型，整个剧场可容纳观众 5 万人，

罗马万神殿

其规模之宏大让人惊叹。

历史聚焦 LISHI JUJIAO

罗马斗兽场

罗马斗兽场即意大利古罗马竞技场，又称罗马大角斗场，建于公元72年至82年，是古罗马文明的象征。它是古罗马帝国专供奴隶主、贵族和自由民观看斗兽或奴隶角斗的地方。它分为五个区，最前排的是贵宾区（如元老、长官、祭司等），第二区是给贵族使用的，第三区是给富人使用的，第四区由普通公民使用，最后一区则是给底层妇女使用，且全部是站席。

罗马斗兽场

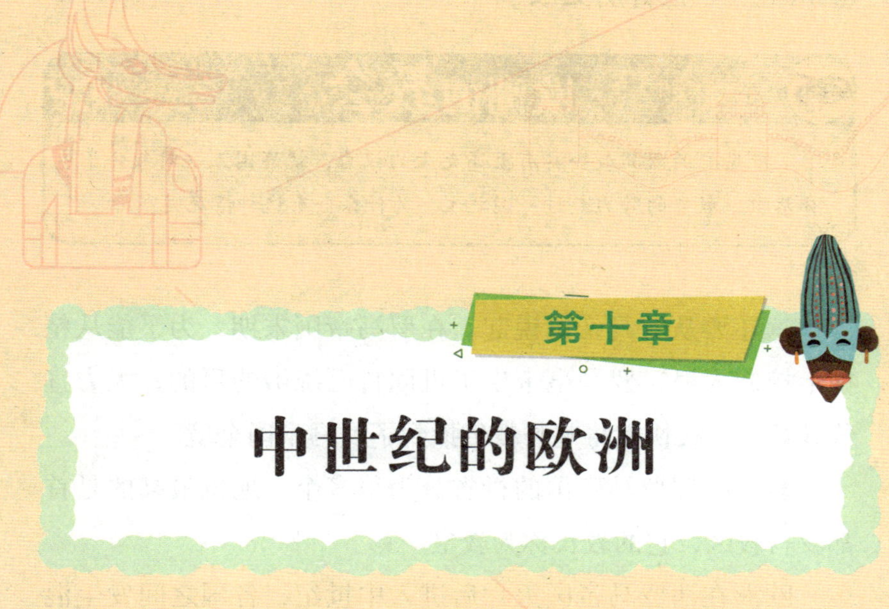

第十章

中世纪的欧洲

欧洲的教会

中世纪的欧洲教会具有至高无上的权力，就连国王也对教会十分恭敬，教皇的势力超过一国之主。为什么会有这种情况呢？

这还要从罗马帝国说起。在罗马帝国末期，为了能从精神上控制人民，罗马皇帝出于巩固自己统治的目的，大力宣传基督教，很快就将基督教传播到了罗马帝国全境。

教区按照罗马帝国的行省分为很多个，地位最高的是首都罗马教区，它的教长称为教皇。

欧洲在西罗马帝国灭亡后进入中世纪，各国之间发生混战，社会在连年征战中动荡不安。当时，基督教是欧洲各个民族都信奉的宗教，所以教会在人民当中很有影响力，要想将群众组织起来，非靠教会不可。

在基督教的传说中，第一任教皇就是耶稣最重要的门徒一彼得。他将象征统治世界的钥匙授予彼得，人们把教皇当作上帝来服从。

所以教会成为各国国王争相拉拢的对象。为了维持自己的统治，他们纷纷对教会表示支持。

在教皇和教会的支持下，“矮子丕平”登上了法兰克王国的宝座，作为酬谢，他两次对意大利进军，将威胁教皇的伦巴人击败，还把伦巴王国被占领的土地献给教皇。在这块土地上，教皇建立了教皇国，这就是历史上的“丕平献土”。

从这以后，教皇的势力更强大了，不但是基督教的最高领袖，也成了教皇国的君主。

800年的圣诞节，查理正式称帝，成为教皇的忠实拥护者。

在中世纪的欧洲，大多数人都不识字，就连一些贵族和国王也不会写自己的名字。大部分识字的人都是教士，他们把《圣经》作为最高真理，将符合基督教教义的文化知识传播到各地。当时的各种学科、艺术、法律、哲学、文学都是为教会和神学服务的。

教会对人们的控制从出生一直持续到死亡。可以说，教皇掌握着人们的命运，所以大家都对教皇非常害怕。

除了在精神上权力无边，教皇手中的财富也十分可观。西欧各国1/3的土地都掌控在教皇手里，每年农民都要给教皇缴纳“什一税”，就是把自己收入的1/10交给教会，如果遇到教会的临时摊派，农民还要付出更多的金钱。教士们想尽办法从人民身上搜刮钱财，他们甚至走街串巷，像小贩一样高声叫卖赎罪券。按基督教的说法，人要想死后进

十字架上的耶稣雕像

入天堂，必须忏悔赎罪，赎罪券就是用来帮人们赎罪的。教士们告诉人们，只要购买赎罪券，把钱扔进教会的钱箱，发出“叮当”的声音后，人的灵魂就得救了。依靠剥削和欺骗，教皇和教士们的生活非常奢侈。

历史聚焦 LISHI JUJIAO

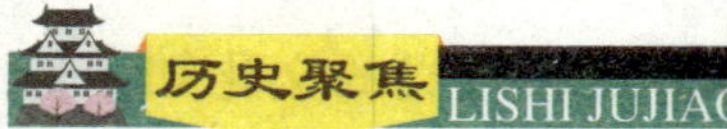

矮子丕平

矮子丕平，又称丕平三世，是751年至768年在位的法兰克国王，为夏尔·马特之子。“矮子丕平”一称出现在后期的史书中，应该是因为他身材矮小。丕平是夏尔一世的父亲，加洛林王朝的创建者。

丕平雕像

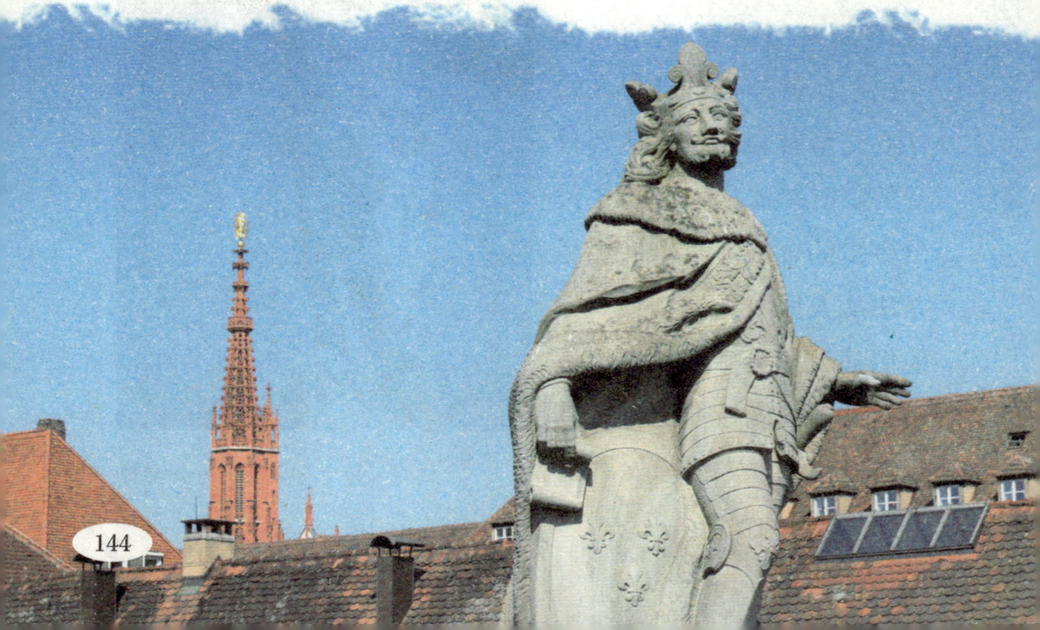

法兰克王国的崛起

法兰克王国的崛起和发展离不开克洛维的不懈努力，他一上台，就立志统一法兰克王国。他是怎样一步步地完成自己的统一大业的呢？

476年，西罗马帝国走向灭亡，取代它的主要有三个国家，它们是占有欧洲西部（包括法国西部和西班牙）的西哥特王国，占有意大利的东哥特王国和占有法国大部、德国的法兰克王国。它们都是日耳曼人建立的“蛮族”（mán zú：古代希腊人和罗马人对境外其他民族的蔑称）国家。

在这三个国家中，实力最强的是法兰克王国。法兰克人号称天生的战士，他们生性强悍，英勇善战，战斧是他们最心爱的武器。

法兰克人分为河滨法兰克人和海滨法兰克人两大支。前者生活在莱茵河中游地区，后者生活在莱茵河三角洲一带。克洛维是“海滨法兰克人”，481年，他继承了父亲的王位，立志统一法兰克王国。5年后，在巴黎南部的苏瓦松，克洛维打败了罗马部队，夺取了高卢南部的大片领土。苏瓦松战役奠定（diàn dìng：确立、建立）了法兰克王国的基础，也稳固了克洛维的国王地位。

不久，发生了这样一件事：在教堂里，克洛维的部下看上了一只精美的花瓶，于是就把它抢走了。教堂主教希望克

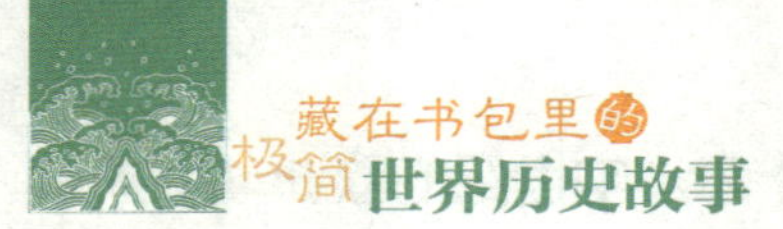

洛维能把花瓶归还给教堂，克洛维答应了主教的恳求。分配战利品时，克洛维要求把花瓶分给自己。可是，抢花瓶的战士不但反对，还用战斧把花瓶劈碎了。克洛维什么也没有说，只是默默地拾起碎片，把花瓶重新粘好，还给了教堂。

又过了一年，在一次军事会议上，克洛维又看到了那个战士。克洛维走到他面前，大声斥责他："看你的战斧是怎么佩带的？歪到哪里去了？"并随手把他的战斧扔到了地上。战士准备弯腰去拾。这时，克洛维快速拾起斧子，把他的脑袋劈成了两半，并说："以前你就是这样对待那只花瓶的，这就是你的下场！"在场的所有人都震惊了，从此再也没有人敢反对克洛维了。

巴黎——克洛维王墓雕像

接下来，为了扩大自己的势力范围，克洛维皈依了基督教，得到了教会的支持，提高了他在人们心中的地位。另外，他娶的妻子也不一般。她叫克洛提尔，长得很漂亮，是西哥特王国国王阿拉里克的孙女。克洛提尔的父亲是阿拉里克的三儿子，叫戈迪吉赛尔。他联合自己的女婿克洛维打败了自己的哥哥，随后，克洛维联合"河滨法兰克人"进攻西哥特王国，杀死了阿拉里克，夺取了西班牙以及高卢南部的大片土地。

接着，克洛维又占领了"河滨法兰克人"的土地，统一了法兰克王国。507年，克洛维在巴黎建都，建立了墨洛温王朝，一直持续到8世纪中叶。

克洛提尔对克洛维的影响

克洛维的妻子克洛提尔出身于勃艮第王族，是一个基督教徒，经常向克洛维宣传基督教教义。当时的罗马教会迫切需要寻找一股强大的政治势力作为靠山，借以保护教会的土地和财产，而克洛维也需要在新征服地区依靠教会来加强自己的统治，再加上克洛提尔的影响，在496年，克洛维率领他的三千亲兵，按照罗马正统的教会仪式，接受基督教的洗礼。此后，教会就以上帝的名义，为克洛维的侵略扩张和掠夺行为辩护。

马拉松的来历

奥运会是世界性的体育盛会，是受亿万人瞩目的盛会，比赛项目中的马拉松长跑更是引人注目。它考验着运动员的意志力，是一项体力和耐力的比赛，关系到重要的荣誉。

当你被马拉松运动员的顽强精神感动时，你是否会想到这样伟大的比赛是因一个传令兵而兴起的呢？

公元前 6 世纪初，波斯已经是强大的帝国，居鲁士是开国大帝，他率领军队南征北战，想要统治亚、非、欧三大州。公元前 6 世纪中期，小亚细亚沿岸的希腊各城邦被波斯帝国所征服。公元前 6 世纪末，波斯王大流士在征服西徐亚人时遭到失败。这让希腊各城邦看见了恢复自由的希望，开始起义反抗，雅典也来助战。因此，波斯王大流士开始进攻雅典，希波战争开始了。

波斯第一次进攻雅典是在公元前 492 年的夏天，分水、陆两军。可是在半路上，舰队遭遇了风暴，陆军又被色雷斯人攻击，波斯军损失惨重。于是波斯王大流士就一边准备再次作战，一边派使者去希腊当说客，而希腊人不想再受人压迫，便把波斯使者扔进水井和深谷，大流士非常生气，下令再次进攻希腊。

公元前 490 年 9 月，大流士派兵乘战舰横渡爱琴海，先把位于优卑亚岛上的爱勒特里亚城摧毁了，然后在马拉松平原登陆，向雅典城进攻。情况十分紧急，雅典司令官米太雅得想到了一个好主意，他对士兵们站的位置进行精心安排，最后，雅典人大获全胜。战士们非常高兴，第一次与波斯军对抗就打了个大胜仗，他们想赶紧把这个好消息报告给雅典城的人们，免得他们焦急。米太雅得选中了战士腓力庇第斯，他最擅长（shàn cháng：在某方面有特长）长跑。腓力庇第斯对此感到非常荣幸。虽然他当时受了伤，但他想尽快与雅典城的人民分享胜利的喜悦，于是他立刻向雅典城跑去。就这样一刻不停地奔跑了 3 个小时后，腓力庇第斯终于跑到了雅典中心广场。他挥舞着双手，用尽全力向人群高喊："欢呼吧，雅典人，我们胜利了！"雅典中心广场顿时被人们的欢呼声淹没了，而腓力庇第斯已经用尽了全身的力气，他慢

居鲁士大帝墓

慢地倒在地上，再也没有醒过来。

作为希波战争的第一场战役，马拉松战役的胜利极大地鼓舞了希腊其他各城邦，它们纷纷独立，向雅典靠拢，形成了“希腊人同盟”，大家一起并肩作战。公元前449年，波斯人被迫签订了停战协议，希腊从此恢复了独立自由。

1896年，第一届奥林匹克运动会在雅典召开。雅典人为了纪念马拉松战役的伟大胜利和传递胜利喜讯的英雄腓力庇第斯，设置了一个新的比赛项目，要求比赛者从马拉松跑到雅典，沿着当年腓力庇第斯跑过的路线重新跑过，称为马拉松赛跑。

历史聚焦 LISHI JUJIAO

希波战争

希波战争是公元前5世纪由波斯帝国入侵希腊城邦而引起的战争。战争的导火索是公元前500年小亚细亚的米利都起义。起义被镇压后，波斯以雅典曾经援助米利都起义为由，渡海入侵希腊。其主要的战斗发生于公元前490年和公元前480年至前479年的两次波斯大军入侵期间，但波斯都遭到了失败。希波战争以希腊的胜利而告终，使世界文明的发展格局逐渐形成东西方并立共存之势，且影响深远。

基辅罗斯的盛衰

很久以前，居住在欧洲东部的斯拉夫人是出了名的吃苦耐劳，经过辛勤努力，他们逐渐结束了原始的氏族生活，建立起了公国。

八九世纪，在所有的公国中，实力最强的是南方的基辅和北方的诺夫哥罗德。

9 世纪末，奥列格王公率诺夫哥罗德军队征服基辅，以基辅为中心建立起基辅罗斯。

奥列格王公死后，伊戈尔大公继续扩张。比起奥列格王公，他更是穷兵黩武。周围的斯拉夫部落中的乌利奇人和德列夫利安人都向他进贡，这让生活在水深火热中的部落人民非常不满。

在 945 年的冬天，愤怒的德列夫利安人终于忍无可忍，人们的愤怒如同火山爆发一样，不可遏制，他们打死了正在巡视的伊戈尔大公。

大公的亲兵带着大公的死讯逃回城堡后，引起了贵族们的大乱。这时，大公的妻子立刻在亲信大臣的扶持下，将自己的幼子斯维雅托斯拉夫送上王位，她则做起了摄政女王。

大权在握后，这位摄政女王马上派兵对起义的德列夫利安人进行剿灭（jiǎo miè：征讨消灭）。中途，两支队伍相遇，立刻展开一场厮杀。在训练有素、装备精良的士兵面前，德列夫利安人大批地牺牲了，脚下的土地都被他们的鲜血染

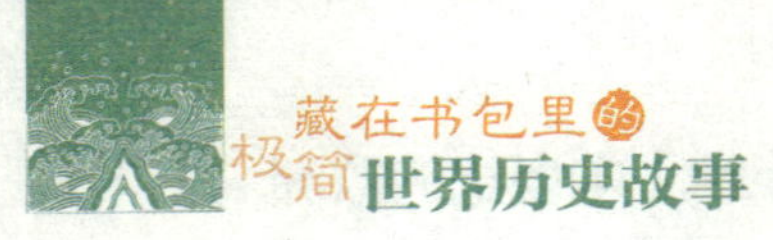

红了。

幼年的斯维雅托斯拉夫大公受到这件事的刺激，长大后更加崇尚武力，一生戎马。967 年，大公与东罗马帝国结盟，出兵打败保加利亚。这位剃了光头，只留一撮额发，戴了一只耳环，手握马刀的掌权者在胜利面前得意扬扬，过早地勾画着心中的蓝图，梦想到保加利亚去定居。结果还没高兴几天，他的美梦就被盟友击了个粉碎。

原来东罗马帝国之所以和他们结盟，是醉翁之意不在酒，基辅罗斯才是他们早就窥伺（kuī sì：暗中观望，等待机会）的肥肉。趁着基辅罗斯大公还沉浸在刚刚取得的胜利中，东罗马帝国出其不意地对基辅罗斯军队发动攻击。结果可想而

基辅罗斯的大门

知，东罗马帝国轻而易举地把保加利亚纳入了自己的囊中。

对于基辅罗斯军队这个心腹大患，东罗马帝国没有掉以轻心，把他们赶出保加利亚后，又请突厥人在中途截杀。

本来就伤亡惨重的基辅罗斯军队雪上加霜，很快就全军覆没，斯维雅托斯拉夫也战死了，他终于在保加利亚附近定居了，这次他永久地长眠于那里了。

经过这场战役，基辅罗斯大伤元气，以至于后来继任的大公无论如何励精图治，还是没能重振国威。

1054 年，基辅罗斯在内乱中分裂成了俄罗斯、乌克兰、白俄罗斯三个小国，在不断衰微下，基辅罗斯终于走向了灭亡。

斯拉夫人

斯拉夫人是分布于欧洲大陆地区各民族和语言集团中人数最多的一支。分布范围主要是欧洲中东部和东南部，少数居地则跨越亚洲北部的西伯利亚地区，远达远东太平洋地区。他们在古罗马时期与日耳曼人、凯尔特人被古罗马人并称为蛮族，也是现今白种人的代表民族之一。

王权和教皇的争斗

王权与教权的斗争是西欧封建王权衰弱的表现，也是罗马教皇势力发展的结果。在双方斗争的过程中，教权虽然一开始占了上风，但随着各国王权的不断加强，教权逐渐从属于王权。最终，在16世纪的宗教改革运动中，王权在民族教会的旗帜下实现了全面的统治。

在西欧封建社会，王权利用封臣制建立起一套封建的隶属（lì shǔ：受统辖、从属的意思）关系，实施对全国的统治，而国王一般很难对全国实行直接控制。这就为以罗马教皇为首的天主教会的势力提供了发展空间，从而引发了王权与教权之间的斗争。

568年，伦巴德人大举南下，进逼意大利，严重威胁着罗马的安全。在法兰克人的帮助下，教皇打败了伦巴德人，教皇的威望大大提高。罗马教皇不仅是教皇国的实际统治者，而且成了西欧各国教会的最高领袖。

王权与教权之争就这样开始了。

919年，康拉德被迫推举当时德国势力最为强大的萨克森公爵亨利为王，即亨利一世。亨利一世执政后，进一步巩固了自己的统治，亨利死后，其子奥托一世继位。奥托一世不仅牢牢控制了五大公国，而且发动了征服意大利的战争，取得了“伦巴德”国王的称号。926年，奥托一世亲率大军征服伦巴德王国。927年，教皇在罗马的圣彼得大教堂为奥托一世加冕（jiā miǎn：把王冠加在君主头上），称其为“罗马人的皇帝”，奥托一世成为罗马帝国合法的王位继承人。此时，萨克森王朝各王依靠武力建立起一个庞大的帝国，但各部落公国依然独立，各自为政，仍是在帝国名义下的独立国家。

于是，国王借助教会来加强他的封建统治，各地的主教和修道院院长大多是国王或皇帝的封臣或附庸，德国皇帝授予他们广泛的特权，即“奥托特权”。后来，教皇又对德国的主教任免权提出要求，认为教会的权力不应由国王授予，即使是皇帝也无权插手主教的遴选和续任。从教皇尼古拉二世（1058—1061年在位）到亚历山大二世（1061—1073年在位），历任教皇都不断提出对德国主教的续任权的要求，到教皇格列高利

圣彼得大教堂

七世（1073—1085 年在位）时，两者之间的矛盾达到白热化。最后，亨利四世将格列高利七世拉下教皇的宝座。

王权与教权双方如此“大打出手”实际上是对物质利益的争夺。直到 1122 年，双方才相互妥协，签订了《沃姆斯宗教协定》，将主教、修道院院长的宗教权力和世俗权力一分为二，由教会和国王分别授予。德国的主教续任权之争，至此告一段落，但还远远没有结束。

王权与教权的斗争是西欧封建王权衰弱的表现，也是罗马教皇势力发展的结果。在双方斗争的过程中，教权虽然一开始占了上风，但随着各国王权的不断加强，教权逐渐从属于王权。最终，在 16 世纪的宗教改革运动中，王权在民族教会的旗帜下实现了全面的统治。

历史聚焦 LISHI JUJIAO

卡诺莎事件

卡诺莎事件体现了王权与教权的斗争，由于德意志国王亨利四世（1056—1106 年）和教皇格列高利七世于 1077 年在卡诺莎的会晤而达到戏剧性的高潮。当时，教皇应德意志封建领主们的邀请，准备前往德意志调停他们与国王之间的争端。为使教皇取消此行，亨利不顾路途危险，在冬季越过阿尔卑斯山前往意大利。教皇得知他已越过阿尔卑斯山脉的消息后，为保险起见，决定前往托斯卡纳边疆伯爵夫人马蒂尔达位于卡诺莎的城堡。

西欧城市的发展

11世纪以后，西欧开始出现一些以工商业为中心的城市。到了12世纪，欧洲相对和平的局面促进了商业的大发展，意大利的佛罗伦萨、米兰、威尼斯和法国的巴黎成为欧洲最大的一批城市，各拥有近10万人口。

在历史上很长的一段时间内，西欧几乎是没有城市的。后来，由于手工业的发展，手工业者需要经常到集市上卖掉自己的产品，于是贸易开始复兴，许多外地商人也带着商品到集市上来卖。时间长了，手工业者就到集市上开作坊，商人们也来开商店。这些集市就是最初的西欧城市。11世纪以后，西欧开始出现一些以工商业为中心的城市。

开始时，城市的规模都很小，居民一般只有一万人左右。但城市发展很迅速，到12世纪，欧洲社会相对稳定，商业发展迅速，意大利的威尼斯、米兰、佛罗伦萨和法国的巴黎很快发展成为欧洲最大的一批城市，各自拥有近10万人口。

当时城市建设的特点是有坚实的城墙，外面有护城河，就像一座座堡垒（bǎo lěi：用于防守的坚固建筑物），要想进入城市，只有从吊桥上通过，这样建设也是为了防御敌人的进攻。走进城门，就是一些紧紧挨着的庭院和房屋，看起来非常拥挤。街道狭窄而弯曲，两旁排列着一幢幢楼房，它们上下左右互相错落，上层楼要比底层楼凸出一些。有的房

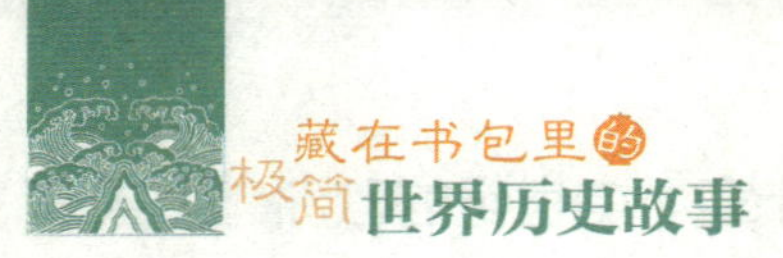

屋建造了拱形的窗户，那是比较豪华的房屋。早期城市房屋里面的摆设跟农村的差不多，家具方面只有一些箱子、短床和长凳。当时的房屋基本上是木制的，因此很容易发生火灾。万一着火了，整个街区都可能被烧光。

现在看来，中世纪时期的城市是半乡村、半城市的。当时的道路大部分是泥土路面，整天尘土飞扬，只有热闹的地方才会铺上鹅卵石。路面坑坑洼洼的，上面挤满了骑马的、赶车的和步行的人。

市场建在城市的中心，那里是最宽阔的地方。那里有一个大广场，在广场的周围，市议会、法庭、关税所、铸币所

巴黎圣母院大教堂始建于1163年

等机关首先建立起来，然后市民的住宅、店铺以及各种货摊也相继建立起来。随着生产力的发展，手工业不断分化，有些城市里出现了“新市场”，如马市、干草市、鱼市等。

米兰的铠甲

有的城市因特产而远近闻名，例如，科隆和伦敦的黄金制品、佛罗伦萨的毛织品、米兰的铠甲（kǎi jiǎ：古代作战时的护身服装，用金属片或皮革制成），让这些城市名利双收。

历史聚焦 LISHI JUJIAO

中世纪西欧城市里的行会

城市里的手工业者为了保障自己的利益，往往同一行业结成联盟，也就是行会。如制革匠组成制革匠行会，首饰匠组成首饰匠行会等。每个行会都会选举自己的首领，有自己的会所。这种行会在每个城市往往有几十个。每个手工业者都隶属于一个行会，否则他就无法在城市里干活儿。行会有严格的行规，它规定了所属成员的工场规模、作坊的人数、学徒的期限、产品的质量和售价。行会还有军事组织的功能，一旦有敌人入侵，它们就要负责守城。

意大利共和国

意大利城市国家在政体上与欧洲其他封建国家截然不同。当时欧洲大陆盛行君主政体，而意大利城市国家却实行共和政体。当时，意大利著名的城市共和国有威尼斯、佛罗伦萨、热那亚和比萨等，它们都是意大利从事航海和工商业的城市共和国，其中威尼斯更为突出。

查理曼大帝是法兰克王朝宫相矮子丕平的长子，同时也是罗马帝国的奠基人。他建立了查理曼帝国，后来查理曼帝国分裂后，意大利被罗退尔所统治。855 年罗退尔去世，意大利从此便陷入长达 10 个世纪之久的政治纷争之中。在 1861 年之前，意大利一直没有得到统一，甚至连名义上的中央政权都没有产生过。

查理曼大帝雕像

7—8 世纪，意大利的手工业与农业分工就已开始了。到 9—10 世纪，许多地方出现了定期集市。罗马时代的旧城也非常活跃，在伦巴底和托斯坎纳出现的一系列新兴城市，开始与东地中海沿岸各国发展贸易往来，从而得到东方的货币资本，

意大利比萨斜塔建造于 1173 年 8 月

并将这些资金及时地投入到手工业、商业和银行业中。富裕起来的意大利城市为捍卫（hàn wèi：防卫、护卫）自身的利益，取消封建义务，铲除发展工商业的障碍，与统治他们的教俗封建主展开了激烈的斗争，通过斗争，形成了一些城市国家。城市国家统治权所达到的地方，那里的封建贵族和农民也随之变成了城市国家的公民。城市国家所辖地区甚至包括许多小市镇和众多农村。

意大利城市国家在政体上与欧洲其他封建国家截然不同。当时欧洲大陆盛行君主政体，而意大利城市国家却实行共和政体。国家行政机构起初是全体成员大会和地方执政官会议，后来，由选举产生的委员组成的议会取代了原来庞大的全体成员大会，由其决定立法、宣战、媾和等城市国家的重大事项。执政官虽由市民选举产生，但一般被显贵家族所垄断。在执政官之下，设立各种委员会，各个城市设立有所不同，各城市的统治权大多为贵族和富商所掌握。当时，意大利著名的城市共和国有威尼斯、佛罗伦萨、热那亚和比萨等，它们都是意大利从事航海和工商业的城市共和国，其中威尼斯更为突出。至15世纪时，威尼斯发展成一个包括克里特岛、塞浦路斯岛和爱琴海众多岛屿在内的广阔的海上大帝国，显赫一时。15世纪末，开辟新航线以后，大西洋沿岸成为商业重心，威尼斯城市共和国逐渐走向衰落。

热那亚

热那亚，也就是热那亚省，是意大利的最大商港和重要工业中心，是利古里亚区热那亚省首府。位于意大利北部，利古里亚海热那亚湾北岸为著名旅游胜地。人口900.718万人（据2010年12月31日统计数字）。

阿维农之囚

教廷虽然在卡诺莎事件中占了上风，但是王权与教权的斗争并没有因此停止，反而更加激烈，他们之间的矛盾在不断酝酿（yùn niàng：事情的准备过程）着，等待时机爆发出来。

西欧城市到了12世纪迅速发展着，经济基础的繁荣加速了国家对加强王权的渴望。

此时的教会胃口越来越大。为了方便插手世俗事务，罗马教廷在教会管理上做出了一些改革，将引进世俗的税收和财政体系进来，这一举动遭到西欧各国王权的不满。教会此举已经干预了各国的司法，因此削弱教权成了刻不容缓的大事。

在欧洲各国中，法国首先有意加强王权。

法王腓力四世时期，教会势力的膨胀让王权极为不满。腓力四世开始采取措施对付教会，他先是免去了教士担任的世俗职务，接着开始对教士征收

阿维尼翁是14世纪罗马教皇的居所

捐税。这些举措让教皇卜尼法斯八世非常愤怒，他要求腓力四世收回成命，但是腓力四世不予理睬。

1300 年，教皇决定采取对抗措施。他在罗马主持召开了大庆典，在会上设下圈套，打算诱捕腓力四世。结果聪明的腓力四世识破了他的阴谋，很快就召集了三级会议来和教皇对抗。

教皇还不死心，又向腓力四世要求让国王接受教皇的统治。但腓力四世可不是什么善男信女，马上让人潜入罗马教皇的寝宫，对这位自负的教皇进行了一番毒打。结果教皇又惊又吓，竟然死了。

1305 年，强势的腓力四世迫使教廷从罗马迁到法国阿维农城，新的教皇由法国主教当选。就这样，从 1308 年到 1377 年间的七任教皇一直受制于法王，在阿维农住了 70 年，史称“阿维农之囚”。从此以后，王权终于压过了教权，教权开始走向衰落。

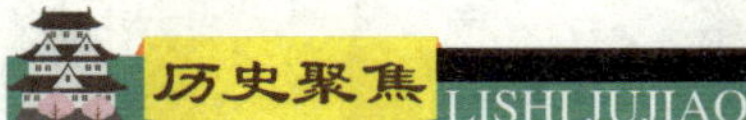
历史聚焦 LISHI JUJIAO

阿维农

阿维农，也作“阿维尼翁”，是法国东南部沃克吕兹省的一个区，整个区的面积为 64.78 千米，该市是法国普罗旺斯－阿尔卑斯－蔚蓝海岸城区沃克吕兹省行政中心，是大阿维农地区的核心，下辖 12 个区。该地最为有名的建筑是教皇宫。

《自由大宪章》

温莎古堡位于英国首都伦敦西北 30 千米处，古堡高耸在泰晤士河畔，周围绿草如茵，森林茂密，好像童话中的世界。就在这个平静的地方，曾经发生过一件大事。

1215 年 6 月 15 日的清晨，一群贵族骑着马来到温莎城堡，他们静静地站在桌子旁边，等候着即将到来的人。在他们身后不远的茂密森林里埋伏着不少手持利剑的士兵。

上午 9 点，厚重的古堡大门“吱呀”一声打开了。在教皇的使者、坎特伯雷大主教和卫士们的陪同下，英国国王约翰缓缓来到桌子前。贵族们一齐向他行礼。大家落座后，坐在约翰对面的贵族们把怀里的羊皮纸掏出来递给他。约翰很不情愿地接过来，没看几眼，十分生气，“啪”的一声把羊

英国伦敦温莎城堡

皮纸拍在桌上，猛地站起来，朝着贵族们咆哮（páo xiào：高声大叫）道：“你们竟然想限制国王的权力！”

“国王陛下，请您息怒，作为英国贵族的代表，我们恳请您接受大家的提议，在这张纸上签名。否则我们将不再对您和您的王位表示支持！”贵族们不卑不亢，毫不让步，但国王还想说些什么。这时，侍卫长跑过来在国王耳边说了几句话。约翰的脸色马上变了，头上也冒出汗来，似乎看到了远处森林里那些隐藏的刀剑，无奈地说：“好吧，我答应签字！”贵族们喜出望外，赶忙递上一支鹅毛笔。约翰签完字后，把笔狠狠地摔在桌上，骑上马，头也不回地走了。贵族们一阵欢呼！

兰贝斯宫是坎特伯雷大主教在伦敦的居所

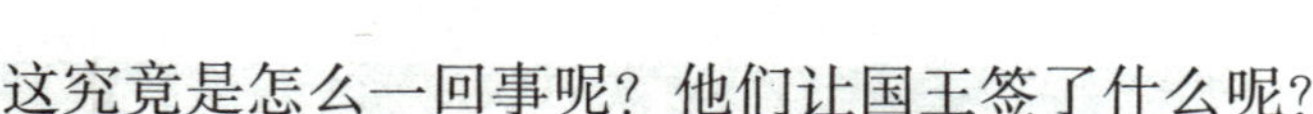

这究竟是怎么一回事呢？他们让国王签了什么呢？

这还得从头说起。英王亨利二世把全部财产分给5个儿子后，没想到妻子又给他生了一个儿子，约翰已经无地可封，因此，大家都叫他“无地王约翰”。

后来约翰的第三个哥哥狮王理查继承了王位。这位国王热于衷战争，在位10年后，死在了战场上。后来，约翰顺利夺取了国王的宝座。他即位后，不但在对外战争方面表现得一塌糊涂，在内政上也因为横征暴敛而引起了贵族和市民的不满。

在约翰外出期间，贵族和教士们秘密拟订了一份《自由大宪章》来保护自己的权益，要求国王同意。

因此，才出现了本文开头的一幕。后来，这份《自由大宪章》被珍藏在大英博物馆中，它是历史上英国宪法的雏形，开创了用法律约束国王权力的先例，具有重要的意义。

《自由大宪章》

《自由大宪章》全文共63条。其中的许多内容保障了封建贵族的权益，对骑士及自由农民的利益也有一些保障。《自由大宪章》是英国宪法的基础，创造了“法治”这一理念。《自由大宪章》中的3个条款目前仍然有效，包括保证英国教会的自由，确认伦敦金融城及其他城镇的特权，以及所有人都必须经过合法的审判才能被监禁。

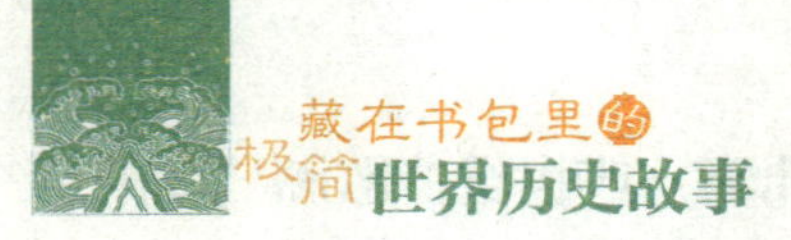

巴黎大学

读书写字对于现代人来说是件再普通不过的事情，但是在中世纪的欧洲，却成了一种高级技能。当时，人们大多不认识字，就连国王和贵族也一样，他们甚至连自己的名字也写不出来。

中世纪，教会是社会的主宰，文化和教育都被他们垄断了。《圣经》是唯一的教科书，人们几乎不知道其他书籍的存在，而教士就成了社会上少有的文化人。

随着工商业的发展，城市越来越繁荣，人们需要更多的知识，于是学校出现了。其中最著名的就是巴黎大学。

巴黎大学坐落在法国首都巴黎的塞纳河畔，和其他欧洲的大学一样，采用拉丁语授课，成立不久，就招收了不少来自四面八方的学子，人数达到 5 万人之多。

当时的学科并不多。其中文学是最普通的学科，在这个学科中，人们不仅能学到拉丁语和文学，还能学到诗歌、写作和散文，就连逻辑（luó jì：客观的规律性）学和物理、化学、数学、音乐也包含在内，简直是个综合学科。人们将文学中的语法、修辞、辩证法、天文学、几何、数学和音乐统称为“七艺”。

这一科是报名人数最多的，只有通过文学科的考试，才能学习另外三门高级学科。学生在获得学士学位后可以升入硕士，拿到硕士学位后，再进修博士。

能留在学校里教书的人都获得过学位，不过学位并不是人人都能拿到的。通常拿到学位的人只有总人数的 1/3，获得硕士学位的则更少，只有 1/16，而拿到博士学位的更是寥寥无几。

尤其是神学博士，只是读硕士，就要花费 8 年，读博士还要再用 12 年，前后二十几年，才能拿下神学学位，真是困难重重。

巴黎大学的成员也非常复杂，除了学生和老师，学校里还有一些药商、抄书人、书贩、邮差，甚至旅店老板。

对于平庸的老师，学校也会采取处罚或者解雇的措施来督促（dū cù：监督、推动）他们好好授课。

巴黎大学

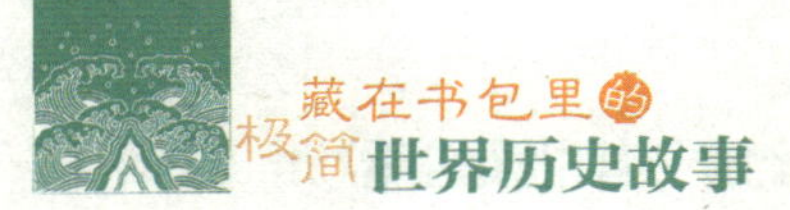

根据老师的才能和教授的科目，学校分成一个个“系”，这个词源自拉丁语中的“才能”一词。每个“系”都有自己的“首席”或“执事”，这就是后来的“系主任”。

上课前，学生们要先到教堂做弥撒。一些古代名著成了他们学习的教材。当时的学习主要停留在书本上，很少动手。

巴黎大学也很重视对口才的培养，每个学生在获得学位前，必须参加公开的辩论。

那时候，大学里经常举行公开的辩论会，人们往往会因为辩论观点不一致而大打出手。

由于巴黎大学并不是教会开办的，所以引起了教会的仇视，他们认为学校的授课内容触犯了基督教的教义，因此，对学校老师进行疯狂的迫害。到13世纪的时候，巴黎大学已基本上被教会掌控了。

阿贝拉尔

阿贝拉尔是欧洲中世纪经院哲学家、法国神学家。他能言善辩，敢于向教会的权威提出诘难，因而受到迫害。1121年，他因自己的著作论及“三位一体”背离正统教义而在苏瓦桑会议上受到谴责，著作惨遭焚毁。1141年，在桑斯会议上，他再次受到谴责，被幽困于克律尼修道院，翌年逝世。他的主要著作有《辩证法》《是与非》《认识你自己》《受难史》等。

薄伽丘和《十日谈》

《十日谈》被称为“人曲”，是和但丁的《神曲》齐名的文学作品，也被称为《神曲》的姊妹篇。这部小说为什么叫作《十日谈》呢？

1348 年，一场可怕的瘟疫在意大利的佛罗伦萨蔓延（màn yán: 如蔓草滋生，连绵不断）。从 3 月到 7 月，佛罗伦萨城里病死了 10 万多人，每一天甚至每个小时都会有大量的死尸被运到城外。以前佛罗伦萨城是多么繁华美丽，现在却变得惨不忍睹，遍地坟场。这场灾难对薄伽丘产生了深刻影响，他是一位伟大的意大利作家。为了把这场灾难记录下来，他就以这场瘟疫为背景，写下了《十日谈》。《十日谈》被称为当时意大利最著名的一部短篇小说集，也被称为“人曲”，与但丁的《神曲》齐名，还被称作《神曲》的姊妹篇。那么，《十日谈》这个名字有什么来历呢？

薄伽丘的雕像

原来，在书中，佛罗伦萨正在闹瘟疫。在一个清晨，7 个年轻美丽又有教养的小姐在教堂里遇见了3个热情英俊的青年男子。小姐中有3位是男子的情人，其他的和他们是亲戚。他们10人决心离开佛罗伦萨，离开这座可怕的城市。

郊外的小山上有一座别墅，他们约好到那里去躲避瘟疫。小山上有清澈的清泉，有翠绿的树林，有悦目的花草，环境幽静，景色宜人。别墅里有曲折的走廊和精致的壁画，地窖里还有醇香的美酒。

这10位年轻人每天弹琴、唱歌、跳舞、散步。他们坐在树荫下，商定每人每天必须讲一个好听的故事，以此来消磨时光。这样，他们讲了10天，一共讲了100个故事，因此，故事的合集就叫作《十日谈》。

据薄伽丘所说，《十日谈》中记录的故事都是有根据的。这些故事反对中世纪的封建等级制度和禁欲主义，提倡男女

但丁和乔瓦尼·薄伽丘欧元硬币

平等，大胆地歌颂可贵的自由，对爱情进行歌颂，对以门第、金钱为基础的包办婚姻进行抨击。作品还对基督教会的罪恶、封建帝王的残暴和教士修女的虚伪进行揭露。在佛罗伦萨长大的薄伽丘，从小就对教会的统治非常不满，向往民主自由，长大后多次参加反对封建专制的政治活动。《十日谈》就是他反教会反封建的有力武器。写完《十日谈》后，薄伽丘时常受到封建势力的打击和迫害，被教会的人威胁和咒骂（zhòu mà：用恶毒的话骂）。有一次，他非常愤怒，要把《十日谈》以及以前的所有著作全部烧掉，幸亏有他的好朋友彼特拉克苦苦劝阻，《十日谈》才得以保留到现在。

《十日谈》

《十日谈》为意大利文艺复兴时期作家乔丙尼·薄伽丘所著的一本写实主义短篇小说集。《十日谈》故事来源广泛，取材于历史事件、意大利古罗马时期的《金驴记》、法国中世纪的寓言、东方民间故事（阿拉伯、印度和中国的民间故事，如《一千零一夜》《马可·波罗游记》《七哲人书》），乃至于宫廷传闻、街谈巷议，兼收并蓄，熔铸古典文学和民间文学的特点于一炉。

与教皇的公开对立

在中世纪的欧洲，教会拥有绝对的统治权，而马丁·路德起初也是教会的忠实信徒，但后来却遭到了教会的驱逐。究其原因，是因为教会的腐败。最终，马丁·路德自创教派，开启了轰轰烈烈的宗教改革运动。

马丁·路德出身于德国一矿业主家庭，早年就学于马格德堡和埃森那赫大学。他在神学思想上完全接受正统的经院神学，信守奥古斯丁的原罪说，倾心研究《圣经》，接触过人文主义和德国神秘主义，逐步确立了“因信称义”的宗教学说。1517 年，教皇利奥十世以修建罗马圣彼得大教堂为名，在德国推销一种特别赎罪券。马丁·路德表示极为不满。1517 年 10 月 31 日，按当时神学辩论会的传统，他在维滕堡万圣教堂大门上贴了“九十五条论纲”，在德国引起了强烈的反响，使各阶层长期以来对罗马教廷神权统治的不满情绪更加激化。多名与会

路德的雕像

德国奥格斯堡大教堂

修士要求谴责马丁·路德，罗马教廷也准备指控其为异端分子。马丁·路德为此发表讲道词，表明不接受其决定。1519年夏，路德与罗马教廷的神学家约翰·艾克和卡尔斯塔德在莱比锡进行辩论，公开否认教皇的神圣权威，提出《圣经》的权威和个人研读《圣经》的权利。1520年6月15日，教皇颁布敕令，以破门律警告马丁·路德。但马丁·路德得到德国境内各城市的支持，发表了《致德意志基督教贵族公开信》《论教会的巴比伦之囚》《论基督徒的自由》三大宗教改革论著，主张在教会内进行根本性改革，世俗当权者应该干预教会改革，从理论上阐明因信称义的教义。同年12月10日，马丁·路德在维滕堡当众烧毁教皇的敕令，公开与罗马教廷决裂。1521年1月3日，教皇公布革除马丁·路德教籍的破门令。同年 4 月，马丁·路德被召出席沃尔姆斯帝国会议，会议通过沃尔姆斯法令，宣布其为不法分子，并取缔他的著作。支持他的议员将其隐匿在瓦尔特堡，他在此翻译《圣经》，为德国语言的统一做出了巨大贡献。1524 年，德国爆发农民战争，马丁·路德初持规劝调解，后持敌视态度，先后发表了《对流亡瓦本地区农民 12 条款的劝告书》和《反对杀人越货的农民暴徒书》。1525 年，马丁·路德结婚，以实际行动向天主教禁欲主义发起挑战。此后，他致力于组建新教会。1530 年，在奥格斯堡帝国会议上，新教内部因圣餐洗礼问题分裂，马丁·路德委托梅兰希顿拟《奥格斯堡信纲》为路德教辩护。马丁·路德发起的宗教改革运动席卷欧洲，对罗马天主教在西欧的封建神权统治给予了毁灭性的打击。

赎罪券

赎罪券，亦称“赦罪符”，拉丁文意为“仁慈”或“宽免”，后被引申为免除赋税或债务。基督教士贩卖赎罪券是西欧中世纪时特有的现象。1313 年，天主教会开始在欧洲兜售此券。教皇乌尔班二世发行赎罪券的本意是好的，只是后来因为教皇利奥十世腐败，使赎罪券发生了质变。

第十一章

欧洲文艺复兴

黑死病肆虐欧洲

在古时候的欧洲，曾爆发过一次空前的大瘟疫，数不清的人在瘟疫中丧命，这就是肆虐欧洲的黑死病。

1345年的一天，蒙古大军围攻克里米亚半岛的卡法城，但整整一年过去了，蒙古大军始终没有攻下。

后来，卡法的守军发现蒙古人的进攻势头越来越弱，最后竟然停止了攻击。蒙古人在搞什么鬼？卡法守军百思不得其解。不过卡法守军丝毫不敢放松警惕。没过几天，蒙古人再次对卡法城发动攻击。不过这次蒙古人没像前几次那样爬上云梯攻城，而是在城下摆了好几排高大的投石机。

“发射！”随着蒙古将军的一声令下，一颗又一颗的炮弹向卡法城飞来。卡法守军看到炮弹时非常吃惊，原来这些“炮弹”不是巨大的石头，而是一具具发黑的死尸！蒙古人发射完这些“炮弹”后，就迅速撤退了。这些腐烂的黑色尸体严重污染了卡法城的水源和空气。过了不久，很多人出现寒战、头痛等症状，又过了一两天，病人便开始发热、昏迷，皮肤大面积出血，身上长了很多疮，呼吸越来越困难。患病的人快的两三天，慢的四五天就死了，死后皮肤呈黑紫色，因此，这种可怕的疾病得名黑死病。当时的人们并不知道这是由老鼠传播的鼠疫——一种由鼠疫杆菌引起的烈性传染病。

卡法城变成了人间地狱，城中的大街小巷到处都是黑色

的死尸，到处都是痛苦的呻吟和绝望的哭号。幸存的意大利商人披着黑纱，急忙乘船逃回意大利。但他们万万没有想到，一群携带黑死病病菌的老鼠也爬上了船，躲在货舱里，跟随他们来到了意大利。

意大利人很快就知道了黑死病的事，因此，拒绝他们的船靠岸。只有西西里岛的墨西拿港允许他们短暂停留，船上的老鼠跑到岛上，黑死病首先在这里传播开来。墨西拿港是一个大港口，每天都有很多其他欧洲国家的商船靠岸，这些老鼠又登上这些船，来到欧洲各国。于是，一场大规模的黑死病开始在欧洲迅速传播。

由于基督徒极端仇视猫，他们认为猫是魔鬼的化身，因

克里米亚半岛的雅尔塔建于12世纪

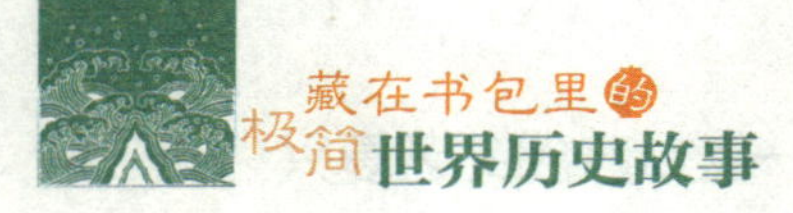

此蛊惑（gǔ huò：可指迷惑、诱惑、使人心意迷惑等）欧洲人对猫进行疯狂屠杀，致使猫几乎灭绝。老鼠没有了天敌，得以大量繁殖。

当时的医学水平根本无法治愈黑死病，一旦染病，只能等死。人们纷纷采取不同办法与外界隔绝。由于欧洲的犹太人懂得隔离传染病人的医学常识，所以死的人较少。于是一些别有用心的基督徒就诬蔑（wū miè：捏造事实来败坏别人的名誉）犹太人和魔鬼勾结，带来了黑死病，大肆屠杀犹太人。整个欧洲简直是一幅世界末日的景象。

据统计，在 14 世纪的 100 年中，黑死病在欧洲共夺去了 2500 多万人的生命，再加上饥饿和战争，大约有 2/3 的欧洲人死亡。

克里米亚半岛

克里米亚半岛，又称“克里木半岛”，是一个位于欧洲南部的半岛。半岛西、南临黑海，东北濒亚速海，北以彼列科普地峡与欧亚大陆相连。半岛大体呈菱形。早期属克里木汗国，后并入沙俄。1954 年，划归乌克兰。半岛北、中部为平原；东南部的刻赤半岛为低丘陵，富含铁矿藏；南部的克里木山地长 150 千米，宽 50 千米，北坡平缓，南坡陡峭。

伟大的达·芬奇

达·芬奇是意大利著名的画家，他的成功不仅仅是因为他有绘画的超人天赋，更是因为他求学时的刻苦努力。他的代表作是《最后的晚餐》和《蒙娜丽莎》。

达·芬奇出生在意大利佛罗伦萨城附近的芬奇镇，他的父亲是当地著名的公证人，所以家境很富裕。达·芬奇从小就有很高的绘画天赋。为了很好地培养他，他的父亲把他送到好朋友佛罗基阿的画坊学习，佛罗基阿是当时意大利著名的画家和雕刻家。

达·芬奇到画坊的第一堂课就是画鸡蛋，这样简单的事情，他很快就画好了。可是老师却让他接着画，并且一连几天都是如此。终于达·芬奇忍耐不住了，他心里想，画鸡蛋这么简单的小事却要一直让画，多没意思啊！老师看出了他的心思，就语

达·芬奇雕像

重心长地告诉他："看似简单的事情其实并不简单，世界上没有完全相同的两个鸡蛋。就算是同一个鸡蛋，从不同的方位看，在不同的光线下看，形状也是不一样的。"

醒悟过来的达·芬奇知道老师是为了自己好，从此加倍地努力学习绘画基本功，学习各类艺术和科学知识，这些都为他以后的成功打下了坚实的基础。

我们所熟知的达·芬奇的代表作有《最后的晚餐》和《蒙娜丽莎》。《最后的晚餐》是画在米兰一家修道院食堂墙上的壁画，是根据《圣经》中的故事而创作的。这幅画作传神地刻画了耶稣 12 个门徒瞬间的表情，通过这几个人不同的表情，我们可以观察到每个人的性格和当时的复杂心态。耶稣

意大利的达·芬奇博物馆

坐在中央，他的门徒们左右呼应，使得耶稣在整个画面布局中非常突出，而中央的耶稣也非常庄严肃穆，明亮的窗户作背景反衬出他的光明磊落。当然了，处在画面最阴暗处，神色慌张的就是叛徒犹大，这也正符合他的人物特点——心灵丑恶。

《蒙娜丽莎》这幅肖像画刻画的原型是达·芬奇朋友的妻子。被达·芬奇精准地捕捉到她那一瞬间迷人的微笑，并用精湛的画技很好地描绘了下来。由此可以看出，达·芬奇小时候接触到的绘画教育是多么的重要啊！

《圣经》

《圣经》是摩西、大卫、所罗门、马太等人在不同时期传承、编撰的作品。该经典著作由希伯来语写作的《旧约》和希腊语写作的《新约》组成。《圣经》是犹太教和基督教的宗教经典，是一部耶和华神应许拯救其选民以色列人的故事，是关于神的传记，又是一部关于犹太民族自埃及奴隶时期经历黄金时代，终成为巴比伦之囚的民族历史，还是一部犹太民族传记。在西方社会里，《圣经》的影响力遍及哲学、政治、经济、制度、伦理、法律、文学、艺术乃至日常生活的各个方面。

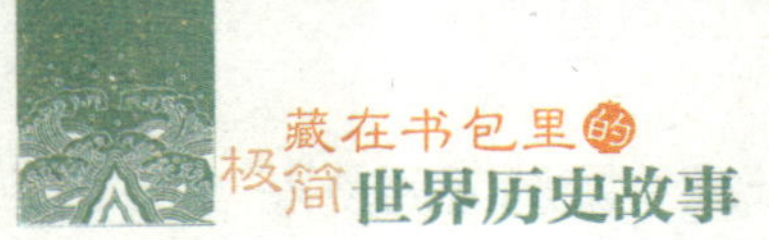

“太阳中心说”的诞生

我们每天看到太阳东升西落，那么是不是太阳在绕着地球转动呢？在古代，西方天文学的观点是地球才是宇宙的中心，而一个人的出现证明了这种观点是错误的。

欧洲文艺复兴时期，人们对科学有了进一步认识，天文学也逐步摆脱了神学的影响，一批天文学家开始用科学理论阐述天文现象。就是在这样的环境下，“太阳中心说”诞生了。

1496年，哥白尼来到意大利学习数学和天文学，在这里养成了观测天象的习惯。同时，哥白尼也认识了很多天文学家，与他们一起观测天象，讨论问题。慢慢地，哥白尼懂得的天

哥白尼雕像

文知识越来越多，他开始怀疑“地球中心说”的正确性。

什么是“地球中心说”呢？“地球中心说”，简称“地心说”，认为地球是整个宇宙的中心，地球是不动的，其他的星球都围着它转动，就连太阳也围着它转。这一学说当时已经在欧洲盛行了很长时间。欧洲教会向人民宣传：上帝主宰着一切，他创造了地球，让它停在中心，让别的星球都围着它转。教会就代表着上帝，所以人民都应该服从教会的管理。

哥白尼纪念碑

1506年，哥白尼回到波兰，继续研究天文学，并建立了自己的天文观测台。哥白尼还自己制作了观测仪器，坚持观测天象，这一下就坚持了30年。得益于持之以恒的观测，他写出了《天体运行论》，这部科学巨著震惊了全世界。

在《天体运行论》中，哥白尼提出了自己的观点：宇宙的中心不是地球，而是太阳，所有的星球都是在围着太阳转的。我们每天看到太阳从东边升起，从西边落下，其实不是太阳在动，而是地球在转动。那有人会问：“我怎么没觉得地球在转呢？”这是因为我们就站在地球上，跟地球一起动，就好像我们坐在船上就感觉自己没有动，而觉得岸上的房屋在后退一样。

这就是“太阳中心说”，简称“日心说”。它推翻了传统的“地心说”，彻底改变了人们对宇宙和天体的认识，同时展现了教会借伪科学之名统治人们的真实意图，也拓展了自然科学发展的空间。

历史聚焦 LISHI JUJIAO

“地心说”

最初，米利都学派形成了地球中心说的初步理念，之后，古希腊学者欧多克斯首先提出了地心说，而后，经过托勒密、亚里士多德的继承、发展，才逐渐建立和完善。托勒密提出，地球位于宇宙的中心，是静止不动的。土星、木星、火星、太阳、金星、水星、月球围绕着地球，并在各自的轨道上运转。其中，与太阳和月亮相比，行星的运动要更为复杂，它们在本轮上运动，本轮又沿着均轮绕地球运行。这些行星和太阳、月亮之外，是天球恒星天，上面镶嵌着所有的恒星。再往外则是原动天，它推动着天体运动。我们现在知道了地心说是错误的，但它是世界上第一个行星体系模型，它的历史功绩是不可抹杀的。

敢于质疑的伽利略

伽利略是一个勇敢的人，敢于向权威挑战；同时，他也是一个博学的人，他有很多的发明，望远镜就是他最杰出的贡献。正是因为有他这样的人存在，我们的社会才能够进步。

伽利略，1564年出生在意大利比萨，1581年考入比萨大学学习医学。但是，他在大学里却爱上了数学，并向宫廷数学家里奇学习。他结合阿基米德的浮力原理和杠杆原理，发明了用来测定合金成分的“液体静力天平”，由此引起学术界的关注。后来，他被聘为比萨大学数学教授。那一年，他才25岁。

那时候的欧洲，学术界都绝对地信奉亚里士多德，认为他是“最博学的人”，他的“重物体比轻物体下落速度要快些”这一观点也一直统治了西方学术界近2000年。可是，就在1590年的一天，年轻的比萨大学数学教授伽利略向这一权威观点发起了

伽利略雕像

挑战。他邀请比萨的学者和大学生来到比萨斜塔观看他的实验，让两个不同重量的铁球从塔上同时下落，结果两个铁球同时落地。实验的结果引起观者的极大震动，否定了亚里士多德的主观臆断（yì duàn：完全凭自己的想象做出决定），而伽利略也因此触怒了亚里士多德学派的信徒，他们把伽利略赶出了比萨大学。

离开比萨大学的伽利略来到学术自由的帕多瓦大学。在这里，他备受欢迎。只要是他上课，大厅都会被挤得水泄不通，甚至远至瑞典和苏格兰的学生也都慕名而来。这些人中的许多人，后来都成了著名的学者。

1609 年，伽利略听说有人发明了望远镜，于是仅凭别人

伽利略在意大利帕多瓦的天文台

的一点儿描述，经过刻苦的实验，成功研制出了世界上第一架天文望远镜。他在这架望远镜的帮助下，研究浩瀚神秘的太空。很快，他就有了一系列重大的发现，找到了支持哥白尼“太阳中心说”的有力证据。不过，在当时，教会是反对哥白尼的“太阳中心说”的，自然也不能容忍哥白尼的跟随者出现，更不要说是有直接的证据来证明哥白尼是对的。所以，他们把伽利略送上了宗教法庭，并判处他终身监禁，监外执行。但是，崇尚科学的伽利略没有就此止步，他的研究为近代实验科学的发展奠定了坚实的基础。

比萨斜塔

比萨斜塔，世界著名的建筑奇观，意大利的标志之一。比萨斜塔位于意大利托斯卡纳省比萨市北面奇迹广场建筑群。它和相邻的大教堂、洗礼堂、墓园对 11 世纪至 14 世纪意大利的建筑艺术有巨大影响，被联合国教育科学文化组织评选为世界遗产。比萨斜塔是比萨城大教堂的独立式钟楼，位于比萨大教堂的后面，是奇迹广场三大建筑之一。该塔始建于 1173 年，设计为垂直建造，但是在工程开始后不久，由于地基不均匀和土层松软而倾斜，于 1372 年完工，塔身向东南倾斜。

戏剧天才——莎士比亚

“如果没有他的参与，整个世界文学都将是另一番模样。”“他”是谁？“他”怎么会受到如此高的评价？他是莎士比亚，他创作的戏剧独具特色，为西方文学开辟了一个崭新的时代。

斯特拉福镇位于英国中部的埃文河畔，莎士比亚的家就在那里。1564 年 4 月 26 日，莎士比亚出生了，他的父亲是个商人，因此家中还算富裕。莎士比亚 4 岁时，经常有剧团来小镇演出，于是他和小伙伴就跟着去看演出，从此莎士比亚爱上了戏剧，想着长大后也要演戏剧。

后来，莎士比亚父亲的生意失败了，莎士比亚只能辍学（chuò xué：指中途停止上学，没有完成规定学业就退学了）回家，帮父亲干活儿，那时他只有 14 岁。但是他一直没忘记儿时的梦想。1586 年，他跟随一个戏班到了伦敦，找了一个为观众看马的工作。在工作之余，莎士比亚偷偷地观看演出，他自学拉丁文和希腊文，还自学哲学、历史和文学，经常自己琢磨戏剧。他非常聪明，进步很快，有时候，剧团需要临时演员，他就上台去表演，尽管都是演一些小角色，莎士比亚也十分认真地表演。他对角色的准确把握和到位的表演得到了剧团的认可，很快被招为正式的戏剧演员。

莎士比亚并未因此而沾沾自喜，放弃学习，他仍然坚持训练，提高演技，还利用空闲时间阅读大量的书籍。他的知识量不断增加，便开始尝试写剧本。当时在伦敦演出的各大剧团都需要独特的剧本，而好的剧本并不多。莎士比亚了解英国的历史后，决定写一些历史剧。

27 岁那年，他创作了《亨利六世》三部曲，并在剧团演出，这部作品受到观众的欢迎。莎士比亚也因此受到人们的赞赏，在伦敦的戏剧界站住了脚。

1595 年，《罗密欧与朱丽叶》问世了。这部悲剧在剧院演出后，受到观众的一致好评，几乎所有的人都涌向剧院观看《罗密欧与朱丽叶》，人们边看边落泪，大家都被罗密欧和朱丽叶的故事感动了。

随着这部悲剧的演出，莎士比亚也获得了成功，他成为

莎士比亚雕像

剧团的股东，生活条件也好了，于是他准备回到家乡过平静的日子。可这时，他的一位好友在一场政治变革中被抓进了大牢，另一位好友也被杀害了，这让他很愤怒，一气之下，他创作出了《哈姆雷特》。这部巨作在当时引起了轰动，剧情的设计独具特色，剧中的哈姆雷特是一位悲剧人物，当他得知是他的叔叔杀掉他的父亲、娶了他的母亲之后，便一心想着为父亲报仇。他装疯卖傻，不惜伤害自己的爱人，误杀了爱人的父亲，还与爱人的哥哥决斗。后来，他终于杀掉了叔叔，为父亲报了仇。

1616 年，莎士比亚去世了，享年 52 岁。他的作品都具有很高的艺术价值。直到现在，他的戏剧还在世界各地的舞台上演出着，他本人被马克思称为“最伟大的戏剧天才”。

历史聚焦 LISHI JUJIAO

莎士比亚因诗惹祸

莎士比亚小时候，有一次去一个叫托马斯·露西的富裕财主兼地方行政长官的土地上偷猎，结果被露西的管家发现了，他为此挨了揍。为了报复，他写了一首讥讽大财主的打油诗。这首诗没过多久，便传遍了整个乡村。大财主无论走到哪里，总有人用这首打油诗来嘲笑他。托马斯乡绅非常恼火，于是就想惩罚莎士比亚，莎士比亚因此被迫离开斯特拉福德小镇，到伦敦避难。

第十二章

弥漫在欧洲大陆的硝烟

英法之间的百年战争

英国和法国是只有一水之隔的邻居，两个国家的国王也都有亲戚关系，但是由于利益冲突而最终酿成战争。战争的结局就是千千万万的老百姓遭殃，所以这场战争最终还是结束在了老百姓手里。

1337 年，英国对法国宣战，战争断断续续，直到 1453 年才宣告结束，史称“百年战争”。

1328 年，法国卡佩王朝国王查理四世没有子嗣，他死后，王位被瓦洛亚家族的腓力六世继承。查理四世是腓力四世的儿子，腓力四世的外孙、英王爱德华三世想以外孙的名义继承王位，但遭到了法国贵族的拒绝。矛盾由此激化，导致战争爆发。王位继承问题实际上只不过是战争的导火线，战争的真正目的在于争夺领土。另外，佛兰德尔的归属问题也一直是两国矛盾的焦点。

1337 年 11 月，英王爱德华三世率军入侵法国。对于岛国英国来讲，夺得制海权是入侵法国成败的关键。英国夺取了制海权，为陆上战争解除了后顾之忧。

1346 年，丧失海军的法王腓力六世大怒，他将自己精锐的重装骑兵派到前线。当时的英军以步兵为主，没有与之抗衡的骑兵。法王想用强硬的马蹄使英军粉身碎骨，号称 6 万余人的法国骑兵在克雷西与 2 万英军步兵相遇。英军的弓箭让法军吃尽了苦头，法军大败，因此，从卢瓦尔河至比利牛

斯山以南的领土都归英国人所有。

为抵抗英军的侵略、夺回丧失的土地，继任法王查理五世改编军队，整顿税制，还任命迪盖克兰担任总司令。迪盖克兰指挥法军避开英军的锋芒，采用消耗、突袭和游击战术，发挥新组建的步兵、野战炮兵、新舰队的威力，使英军节节败退，陷入困境。法军趁势夺回大片领土，并恢复了骑兵。

可是，法国内部矛盾日益加剧，贵族争权夺利，农民起义不断。刚登上英国王位的亨利五世趁机重燃战火，不久法国的半壁江山又落到英军手中。英军继续向南推进，开始围攻通往法国南方的门户要塞奥尔良。而法国贵族却没有一个敢去解围。

圣女贞德雕像

农民出身的少女贞德经过一番波折，成为解救奥尔良的统帅。她以“神遣的救国天使”为名，手持一把剑和一面旗帜带领法军冲进英军营中。她身先士卒，把旗帜高高举起。贞德的勇气鼓舞着法军，他们顽强拼杀，一次次击败英军的进攻。为攻下英军最后一个堡垒，贞德高举旗帜，第一个爬上云梯，不幸被箭射中而掉落下来。但她顽强地站起来，又冲了上去。守城的士兵出城支援，一举击溃英军。被围困7个月之久的奥尔良城得救了，贞德成为法军的灵魂。1430年，在康边附近的战役中，贞德为勃艮第公国所俘，被以4万法郎的价格卖给了英国人。1431年5月24日，贞德在鲁昂被宗教法庭以女巫的罪名处以火刑。圣女贞德的死激起法国军民的愤慨，他们奋勇杀敌，接二连三地收复北方失地。1453年，英军在波尔多决战中全军覆没。法国随之收复了除加莱港之外的全部领土，取得了战争的最后胜利，英法百年战争至此结束。

诺曼底

诺曼底是法国一个地区，行政上分为两个大区：上诺曼底由滨海塞纳省和厄尔省组成，下诺曼底由卡尔瓦多斯省、芒什省和奥恩省组成。

历史上的诺曼底公国是一个独立的公国，其疆域包括今天法国北部塞纳河下游、马槽乡直到科唐坦半岛。诺曼底还曾是法国的一个省。今天海峡群岛属于英国皇家，从文化和历史上看，它们始终是诺曼底的一部分，但它们从未归属于法国。

君士坦丁堡之战

东罗马帝国和奥斯曼耳其是邻国，在历史上，这两个国家之间也一直发生着土地争夺战，而最为著名的当属15世纪的君士坦丁堡之战。

1452年4月6日，强大的奥斯曼土耳其对邻国东罗马帝国发动了攻击。土耳其大军气势汹汹地攻到了东罗马帝国的首都君士坦丁堡外。守城将士奋起反抗，双方较量了十多天，死伤无数。

到了22日，土耳其军队突然改变了战略，他们把战船拖进了黄金角湾，利用夹击战术攻打君士坦丁堡。

君士坦丁堡城墙堡垒的一部分

决战在即，奥斯曼土耳其穆罕默德二世不得不着力准备军需物资。

五天后，奥斯曼土耳其军队果然对君士坦丁堡发动了全面进攻。双方军队殊死搏斗，经过5次残酷的较量，奥斯曼土耳其军队攻破了城门，杀死了东罗马帝国的君主君士坦丁十一世。

随着君士坦丁堡的沦陷（领土为敌人占领），东罗马帝国走向了灭亡，这就是历史著名的君士坦丁堡之战。

固若金汤的君士坦丁堡

在这次战役中，拜占庭守军无疑占有更多优势，他们的优势来自先进技术。在帝国军队战斗力日渐羸弱的年代，正是古代先辈们遗留下的科技优势一次次帮助守城者化险为夷。在5世纪就已基本完工的城墙，不仅可以经受住7世纪敌人的攻击，也将在之后的千年里承受住各类新式武器的摧残。如果不是拜占庭帝国的科技水平陷入停滞，很难想象这座城市的防御系统会被升级到什么程度。

英国第一次内战

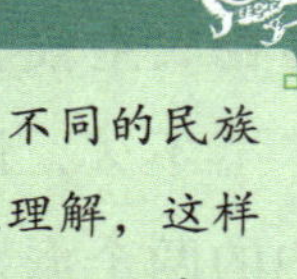

在一个国家内部，不同的地域会出现不同的民族，不同的民族会有不同的文化信仰。各民族之间应该互相尊重、相互理解，这样才能和平共处。如果想把自己的意愿强加给别的民族，那么战争就不可避免了。可惜当时英国的当权者并没有认识到这点。

1638 年，苏格兰爆发了反对君主专制制度的起义。

苏格兰原本是一个独立国家。1603 年，詹姆斯一世身兼苏格兰和英国两国国王，但两国并未正式合并成一个国家。1637 年，查理一世强令苏格兰接受英国国教，企图在那里推行专制制度，激起苏格兰人的反英起义。查理一世远征苏格兰，但惨遭失败。为了筹措军费，查理一世不得不于 1640 年 4 月重新召开已经停开了 11 年的议会。反对派约翰·皮姆等人强烈反对战争，并要求处死宠臣斯特拉福。查理一世于 5 月解散国会。议会解散的第二天，伦敦市民奋起示威，广大农民的反圈地斗争向纵深发展。同年 8 月，苏格兰军再次发动进攻，占领了英国北部两郡，查理一世被迫两次召集议会。

议会开幕不久，在人民群众的呼声和压力下，议会两院通过逮捕斯特拉福和劳德大主教的提案，并同意将斯特拉福处以死刑。查理一世认为这是对王权的挑战，于是迟迟不批准议会的决议。1641 年 5 月 9 日，伦敦市民数万人手持刀剑棍棒，连夜举行示威，并宣称要冲进王宫。于是查理一世只好签署了判决书，3 天后，斯特拉福被送上断头台。4 年后，劳德大主教也被处决。议会取得了首次胜利。

不久，议会开始分为两派，两派的分野大致与清教运动中的两个派别吻合，也称为长老派和独立派，两派在一些问题上存在重大分歧。

查理一世利用议会内部的分歧，伺机反扑。国王与议会的斗争达到动武的程度。1642 年 8 月 22 日，查理一世在诺丁汉向议会宣战，挑起了内战。

到 1643 年秋，王军不断取胜，占领了全国 3/4 的地区。

1644 年 7 月 2 日，议会军、苏格兰军队与王军在马其顿

威斯敏斯特宫（议会）前奥利弗·克伦威尔的雕像

草原展开会战，克伦威尔的“铁骑军”在这次战役中发挥了巨大的作用，最后战胜了王军。1645 年 1 月，长期议会通过了接受克伦威尔提出的改组军队的议案，授权克伦威尔改组议会军。克伦威尔以自己的“铁骑军”为榜样，组建了一支主要由自耕农和手工业者、店员等组成的新军，并有良好的给养制度，故被称为“新模范军”，这是英国建立的首支常备军。从此，独立派掌握了军权，保证了议会军在内战中的胜利。

1646 年 5 月，议会军攻克牛津，查理一世逃到苏格兰，被苏格兰扣留。次年 2 月，英国国会用 40 万英镑把查理引渡到伦敦。英国第一次内战宣告结束。

苏格兰

苏格兰是大不列颠与北爱尔兰联合王国下属的王国之一，位于欧洲西部、大不列颠岛北部，南接英格兰，东濒北海，东北与西北分别与挪威、冰岛隔海相望，西临大西洋。虽然在外交、军事、金融、宏观经济政策等事务上，苏格兰受到英国议会的管辖，但是在内部的立法、行政管理等事物上，苏格兰拥有很大程度的自治空间，是联合王国内规模仅次于英格兰的地区。

瑞典对神圣罗马帝国发动战争

为了统治波罗的海，瑞典在1630年先后与法国、波美拉尼亚、萨克森选侯和勃兰登堡选侯结盟，跟神圣罗马帝国开战达5年之久。战争双方难分胜负，各有伤亡，后来神圣罗马帝国与萨克森选侯结盟，这场战争才宣告结束。

1630年，在斯德哥尔摩特别会议上，瑞典国王古斯塔夫·阿道夫决定与神圣罗马帝国开战，一统波罗的海。瑞典与法国结为同盟，获得了法国的军事援助。1631年5月，蒂利伯爵负责指挥神圣罗马帝国的军队，一举攻陷马格德堡，这个新教城市成为一片火海。接着，瑞典又与萨克森和勃兰登堡结成同盟，逐步深入德国北部。

古斯塔夫·阿道夫雕像

1631年9月7日，古斯塔夫·阿道夫在莱比锡附近的战役中获胜，被誉为“北方神狮”的化身，成为一个传奇人物。接着，他率兵穿过图林根，向莱茵河和美因河交汇处进军。

同年冬天，古斯塔夫·阿

柏林著名的勃兰登堡门

道夫在美因茨和法兰克福约见欧洲诸侯及外交官。1632年，他向南德意志进军，3月攻陷纽伦堡，4月到达列赫河畔，在这里又一次将蒂利伯爵军队打败，5月向慕尼黑进军。这时哈布斯堡王朝的军队正死死守着英格尔斯塔特要塞。同时，法国改变了态度，因为瑞典军队已经离法国的边境非常近了。而瑞典军队由于战线拉得太长，士兵来自六支不同的军队，而逐渐暴露出自己的弱点。神圣罗马帝国趁机调整部署，以华伦斯坦替代蒂利，组建了一支很强大的队伍，迫使瑞典军队放弃继续向奥地利进军。

1632年9月，神圣罗马帝国军队与瑞典军队在纽伦堡开战，瑞典军队被击败。同年11月6日，在大雾弥漫的吕岑地区，双方再次开战，古斯塔夫·阿道夫不幸阵亡，瑞典军队统帅由阿克塞尔·乌克森谢纳担任。1634年夏末，双方在诺德林根开战，瑞典军队大败，约翰·班迪尔接任军队统帅。后来，瑞典军队在勃兰登堡大败萨克森军队和神圣罗马帝国军队。不久后，班迪尔去世，代替他的是兰纳特·托尔斯滕逊，这位统帅分别在1642年的布赖滕尔特战役和1645年的延考战役中打败哈布斯堡王朝的军队，率瑞典军队大获全胜。而神圣罗马帝国那边是什么情况呢？先是华伦斯坦遭遇谋杀，接着帝国在1635年与萨克森达成协议，签订《布拉格合约》。至此，这次长达五年的战争才宣告结束。

神圣罗马帝国

神圣罗马帝国的全称是日耳曼民族神圣罗马帝国或者德意志民族神圣罗马帝国。它是一个封建君主制帝国，存在于962年至1806年，地跨西欧和中欧，以日耳曼尼亚为版图中心，其周边地区也在版图范围之内，最鼎盛时期还包括勃艮第王国、弗里西亚王国和意大利王国。这一封建帝国早期是皇帝拥有实权，到14世纪时演变为联邦拥有实权，但承认皇帝是最高权威。在其历史的大部分时间内，是由数百个附属单位组成的，有公国、侯国、郡县及帝国自由城市。

第二次英荷战争

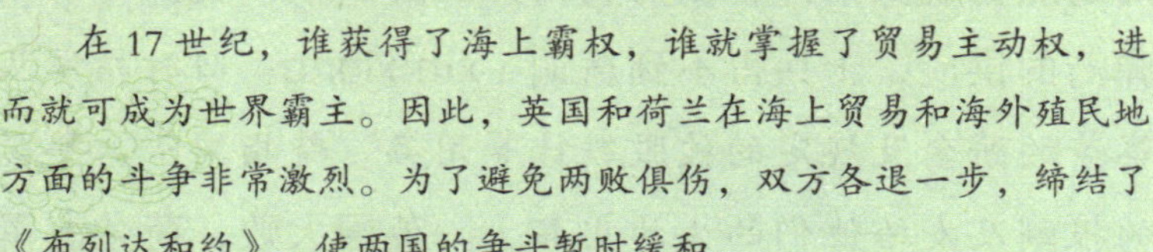

在17世纪，谁获得了海上霸权，谁就掌握了贸易主动权，进而就可成为世界霸主。因此，英国和荷兰在海上贸易和海外殖民地方面的斗争非常激烈。为了避免两败俱伤，双方各退一步，缔结了《布列达和约》，使两国的争斗暂时缓和。

斯图亚特王朝复辟（指原本失去君位的君主，再次登基为君）时期，英国和荷兰争夺海上贸易和海外殖民地的斗争更加激烈。两国在印度、西印度群岛、美洲和非洲都占有殖民地。两国还在北海争夺渔业的捕捞权。英国极力鼓励商人从事海上贸易，又在1660年重新修订《航海条例》。荷英第二次战争的爆发也有斯图亚特王朝内部的原因。查理一世的女婿荷兰执政，威廉二世于1650年逝世，他的儿子威廉三世失去执政职位。因此，英王查理二世发动第二次英荷战争也是为亲属恢复执政地位。战争于1664年爆发，正式宣战是在1665年。战争在英吉利海峡、北美和

威廉二世雕像

非洲沿岸进行。发生在英吉利海峡的战斗暴露了英国复辟王朝的弱点：舰队指挥者多为腐朽无能的贵族，舰队得不到武器弹药的供应，士兵得不到薪饷（xīn xiǎng：旧时指军队、警察等的薪金及规定的被服鞋袜等用品。特指军队、警察所得的报酬及发给他们的生活用品）。英国大败，荷兰海军在德路特的率领下兵临泰晤士河（tài wù shì hé：英格兰西南部河流，是英国著名的“母亲”河，发源于英格兰西南部的科茨沃尔德山，沿途汇集了英格兰境内的诸多细流，河水从西部流入伦敦市区，伦敦下游河面变宽，形成一个宽度为29千米的河口，最后经诺尔岛注入北海）口，直接威胁伦敦。荷兰舰队在英吉利海峡航行，船首挂一雀旗，表明它们在海

英吉利海峡旧城墙上的望远镜和大炮

上已扫平英国舰队。英国舰队也在荷兰海岸进行劫掠，在北美占领荷兰殖民地新阿姆斯特丹。1667年7月31日，英荷两国缔结《布列达和约》。荷兰把北美的新阿姆斯特丹割给英国，英国将该地改称纽约，以纪念约克公爵。英国把香料群岛割让给荷兰，英国对东方的贸易以印度大陆为限。荷兰在非洲沿岸的堡垒均归英国所有，但《航海条例》稍加放宽。

威廉三世雕像

历史聚焦 LISHI JUJIAO

英吉利海峡

英吉利海峡，又名拉芒什海峡，是分隔英国与欧洲大陆的法国，并连接大西洋与北海的海峡。海峡长560千米，宽240千米，最狭窄处又称多佛尔海峡，宽仅34千米。英国的多佛尔与法国的加莱隔海峡相望。因为它是北大西洋的一部分，连通欧洲陆间海的水域，所以自古就是兵家战略要冲。

欧洲“七年战争”

18世纪中叶，欧洲各大强国之间进行相互斗争，其矛盾冲突主要集中在1756年到1763年之间，称为“七年战争”。

欧洲“七年战争”发生在18世纪中叶，当时欧洲的主要强国都参与了战争，其影响范围广及欧洲、西非海岸、印度、北美洲、中美洲以及菲律宾。

普鲁士与奥地利对德意志霸权的争夺战和英国对海上霸权、殖民地的争夺战是这一时期冲突的基础。1756年，英国与普鲁士签订了同盟条约，决定一致反法，后来葡萄牙也加入了英普联盟。英普联盟的消息传到法国后，法国政府在1756年5月与奥地利在凡尔赛（现在是法国巴黎的卫星城，曾经是法兰西王朝的行政中心）结成同盟，西班牙、萨克森、瑞典、俄国等国相继加入法奥联盟。

一场覆盖全欧洲的战争在1756年爆发了，弗里德里希二世（普鲁士国王）企图采用各个击破的战术对付敌方。同年8月，普军进攻萨克森，萨克森选帝侯被迫投降。1757年，普军在罗斯巴赫附近将法军打败，在雷登附近将奥地利军队打败，战争广及欧洲、北美和印度等地。1759年8月12日，俄军在库涅尔斯道夫打败了普军。1761年年底，伊丽莎白一世·彼得罗夫娜（俄国女皇）去世，出身于德意志的彼得三世即位，他与普鲁士国王签订了合约，俄普两国结盟。直到

1762年6月，女皇叶卡捷琳娜二世当政时，俄国才退出战争。英国与法国展开激烈海战，法国大败。

女皇叶卡捷琳娜二世雕像

1761年，西班牙与法国结盟，一致对抗英国，但以失败而告终。在印度和北美的殖民地战场上，英国击败了法国。1763年，法国、西班牙和英国在凡尔赛签订和约，损失最大的是法国。同年，法国、奥地利和普鲁士签订《胡伯图斯堡和约》。海上争霸战的最终胜利者是英国，它也因此而迅速发展壮大，堪称世界上最大的殖民帝国。不过，由于法国与奥地利结盟，法国在欧洲大陆上依然占据着优势地位。

历史聚焦 LISHI JUJIAO

普鲁士王国

普鲁士王国位于欧洲中部，是一个封建国家。19世纪六七十年代，普鲁士王国统一了除奥地利的德意志邦国，迅速崛起并建立了德意志第二帝国。因此，普鲁士有时也成为德意志帝国精神和文化的代名词。

拿破仑加冕称帝

凭借着赫赫战功，拿破仑在法国拥有强大的威望，顺利夺得政权。由于当时不具备民主共和的客观条件，年纪轻轻的拿破仑随着独裁统治的时间变长，渐渐不满足于第一执政的位置。于是，凭借强大的军事实力，通过征战欧洲，拿破仑成为多个国家的皇帝。

1799 年 11 月 9 日，拿破仑成功发动“雾月政变”，仅仅 30 岁就成为法兰西共和国第一执政，掌握军政大权，开始了为期 15 年的独裁统治。

拿破仑对内进行有利于资本主义经济发展的改革，颁布了维护资产阶级利益的《民法典》，沉重打击了封建等级制度和所有制。在分化瓦解保皇党势力的同时，他对保皇党的叛乱进行武力镇压，稳定了国内局势，获得了人民的支持。

拿破仑画像

拿破仑凭借出色的军事才能，统领军队东征西讨，粉碎了欧洲反法同盟的五次进攻，沉重打击了欧洲的封建势力，扩大了法国的影响，改变了欧洲各国多年来的疆域，使法国人民深以为傲。

◎ 拿破仑雕像

1804 年 11 月 6 日，法国以公民投票的形式通过了共和十二年宪法，拿破仑被法国议会授予“世袭皇帝”的称号，法兰西共和国改名为法兰西帝国。12 月 2 日，年迈的罗马教皇庇护七世专程从罗马赶到巴黎，在巴黎圣母院大教堂主持了隆重的法兰西皇帝加冕（jiā miǎn：把皇冠加在君主头上，是君主即位时所举行的仪式）仪式。当罗马教皇念着经，准备把金灿灿的皇冠戴到拿破仑头上时，拿破仑突然自己从教皇手中拿走皇冠，戴在了自己与妻子头上，表示这是“自己奋斗得来的皇位”。1805 年，拿破仑在意大利由教皇加冕成为意大利国王。随后，通过战争的胜利，他又先后成为莱茵邦联的保护者、瑞士联邦的仲裁者、法兰西帝国殖民领主。

为了加强自己的权力，削弱封建体制的影响力，拿破仑与教皇订立“政教协议”。规定天主教不是国教，而是人民群众信仰的宗教，法国教会无权干涉国家和政府，并且听从国家和政府的命令。

1812 年，拿破仑率 68 万大军攻打俄国，遭到俄国军民的顽强抵抗。由于物资补给不足、兵力分散和俄罗斯严寒的冬季，拿破仑大败而回。1814 年，第六次反法同盟组成。法方和反法同盟在莱比锡展开激烈的战斗，拿破仑惨遭失败，随后反法联军占领巴黎。拿破仑被迫退位，被流放到厄尔巴岛（è ěr bā dǎo：是一个岛屿，位于意大利中部的托斯卡纳大区西部海域，是意大利的第三大岛）。波旁王朝在法国复辟。

法国共和历

法国共和历又被称为法国大革命历法。由于法国大革命将国王、贵族和宗教僧侣都当作敌人，因此废弃由教皇确定的历法。拿破仑占领意大利后，与教廷和解，教皇为其加冕称帝，所以法国于 1805 年 12 月 31 日恢复了格里高利历。但是当时的法国历史事件都是用这种历法记载的。共和历规定法兰西第一共和国诞生之日为“共和国元年元月元日”，把 12 个月依次定为葡月、雾月、霜月、雪月、雨月、风月、芽月、花月、牧月、获月（或收月）、热月、果月。

第十三章

欧洲近代改革

攻占巴士底狱

7 月 14 日是法国的国庆节，它是巴黎人民攻占巴士底狱的日子，为了纪念这一历史事件，法国将此日定为国庆节。18 世纪末，坚固的巴士底狱成为法国封建制度的象征，关押了许多反对封建制度的政治犯，攻占巴士底狱成为法国开始全国革命的信号。

18 世纪后期，法国国王过着非常奢侈的生活，为了满足吃、喝、玩、乐的需要，他想尽一切办法从人民身上搜刮钱财。人民当然对此怨声载道，社会危机一触即发。1789 年 5 月，国王路易十六为了缓和矛盾，在巴黎召开了被中断了 175 年的“三级会议”。

原来，那个时期的法国国民被分为三个等级。第一等级

巴士底广场的七月革命烈士碑

是教会人员，第二等级是贵族，其他人属于第三等级。第一等级和第二等级虽然人数少，但是掌握着各种资源，过着不劳而获的生活。第三等级的人民虽然拼命地工作，但生活依然艰辛。

国王路易十六雕像

参加“三级会议”的第三等级代表要求所有的决议都要在“三级会议”上公开表决，才有法律效力。后来，他们又组成国民议会来管理国家。国王路易十六非常生气，他表面上支持国民议会，背地里却让雇佣军推翻议会。

国王的专制行为激怒了第三等级。7 月 13 日，巴黎的市民们从军火库中夺得了几万支火枪，整个巴黎被手执各种武器的市民们占领了，除了坚固的巴士底狱（bā shì dǐ yù：“巴士底”在法语中的意思是“城堡”，它是一座军事城堡，是一座十分坚固的要塞）。广大市民成为反抗封建专制的起义者。

“到巴士底狱去”成了起义者共同的心声。巴士底狱很快被来自四面八方的起义者包围了。

守卫巴士底狱的士兵用塔楼上的大炮让在远处的起义者伤亡惨重，在屋顶上和窗户里向近处的起义者射击，阻止了前进的起义者。起义者一时无法靠近巴士底狱，并且由于距离太远，他们的射击威胁不到里面的士兵。

“我们需要一门威力巨大的火炮。”人群中有人喊道。很快，有经验的炮手带着威力巨大的火炮一起过来了。一颗颗炮弹轰向了巴士底狱，大势已去的士兵举起了表示投降的白旗，随后，巴士底狱被起义者完全拆毁。

法国其他城市的市民纷纷像巴黎市民一样夺取了管理权，建立了国民自卫军，轰轰烈烈的法国大革命由此开始。为了纪念巴黎人民攻占巴士底狱的伟大功绩，法国把 7 月 14 日作为国庆节。

历史聚焦 LISHI JUJIAO

巴士底狱

巴士底狱是一座非常坚固的堡垒。它是根据法国国王查理五世的命令，按照 14 世纪著名的军事城堡的样式建造起来的。建成初期是军事城堡，目的是防御百年战争中英国人的进攻，所以就建在了巴黎城门前。后来因巴黎市区不断扩大，巴士底要塞成了市区东部的建筑，失去了防御外敌的作用，也因此于 14 世纪末被改为王家监狱，专门关押政治犯。巴士底要塞也成为法国专制王朝的象征，也就有了后来“巴士底狱”的名字。

“进口”国王和光荣革命

在英国历史上，出现了一次没有流血牺牲的革命，并且革命后的执政者不是英国人，而是一位荷兰人，他就是威廉三世，他是被英国新贵族和资产阶级邀请到英国当国王的。

17世纪时，欧洲各国的政权与宗教紧密结合，当时英国的国教是新教。1658年9月，理查德·克伦威尔在父亲奥立弗·克伦威尔去世后继承了国王之位，但他软弱无能，政权很快被高级军官们所控制，保王党趁机复辟。

1660年2月，蒙克带兵进驻伦敦，请在法国避难的查理·斯图亚特回国做国王。查理为了得到新贵族和资产阶级的支持，即刻发表宣言，保证执政后会保护宗教自由，并无条件赦免（shè miǎn：是指免除或减轻罪犯的罪责或刑罚）革命党人。

詹姆斯二世雕像

于是，斯图亚特王朝复辟。但是，查理二世很快就违背了自己的诺言，对英国的经济也不是很关心，让英国资产阶级遭受了很大的损失。

查理二世在1685年去世，詹姆斯二世继位，他信奉的是天主教。刚一当上国王，他就无视议会规定，公然提拔天主教徒，让他们在政府和军队中担任要职，并且想方设法让天主教成为英国国教。

他的行为让英国的新贵族和资产阶级蒙受了巨大损失，很快就受到他们的抵制，同时，其他的教徒也激烈地反对他。英国人民都盼着他早点儿去世，好让他的长女玛丽继承皇位。因为玛丽信奉的是新教，英国人民都盼着她能解救英国。

威廉三世塑像

玛丽的丈夫是荷兰执政威廉三世，他在1688年6月30日收到英国议会的邀请书，上面写着让他马上到英国来保护国民的自由。10月10日，威廉三世发表声明，他愿意为了保护英国人民的自由、新教、财产而到英国来。他的到来让英国各界人士都非常高兴，贵族和平民、资产阶级和高级军官都对他表示欢迎和支持，詹姆士二

世仓皇逃往法国。

1689 年，威廉三世表示承认《王位继承法》和《权利法案》。英国议会宣布玛丽为英国女王，威廉三世为英国国王，实行“双王统治”。

《王位继承法》保证把新教作为国教，并保证国王信奉新教。《权利法案》保护议会的地位，规定了国王是国家的名义元首，议会则拥有治理国家的权力。这两项法案的实施标志着封建专制统治在英国的彻底结束，英国进入了君主立宪制统治时期。

1688 年的这场政变没有流血牺牲，因此被称为“光荣革命”。

新教

新教产生于 16 世纪宗教改革运动之后，是相对于东正教会、天主教会等旧势力的基督教，长期用于一些西方国家政体的划分。新教包括改革自罗马教廷的安立甘宗、加尔文宗和路德宗三大教会。新教宣称《圣经》是最高原则，反对罗马教皇对教会的控制，不承认教会拥有解释教义的绝对权威。它还强调新教徒可以直接与上帝对话，没必要让神父做中介。

腓特烈大帝

一个对王位不感兴趣的人成为国王，能不能带领国家走向繁荣富强？历史上有很多不想当皇帝的人当了皇帝，导致帝国走向衰落。但有这样一个人虽然是被逼着做国王，却带领国家称霸欧洲。

威廉一世是文艺复兴时期普鲁士的国王，他一心想把王位传给他的儿子腓特烈，可惜腓特烈对王位不感兴趣，一心只想成为一名音乐家。威廉一世想尽了各种办法让腓特烈学习管理国家的知识。可是，只要威廉一世稍不注意，腓特烈就又会把自己的精力放到钻研音乐上。

威廉一世纪念碑

从1736年开始，腓特烈反抗得越来越激烈，而威廉一世铁了心地要让腓特烈接替自己的王位，要求他成为一个好国王。到1740年，腓特烈终于抵不住威廉一世的压力，放弃了成为音乐家的梦想，开始学习军事、哲学、文学和历史。

1740年，威廉一世去世了，腓特烈成为普鲁士的国王，史称腓特烈二世。腓特

腓特烈大帝雕像

烈从1740年即位到1786年去世，在位46年。他重视国家的军队建设，把国民收入的4/5划拨为军费。在强大财政的支持下，普鲁士的军队发展迅速，很快就成为欧洲装备精良、训练有素、纪律严明的王者之师。到1786年腓特烈二世去世时，普鲁士军队的人数从他继位初的不足9万人发展为20万。

大量的财政投入使军队迅速强大起来。

在七年战争中，法国、瑞典、俄罗斯都不希望普鲁士变得强大，于是就与奥地利结成同盟，只有英国和普鲁士站在一起，结成同盟。战争对普鲁士非常不利，四面楚歌的普鲁士举步维艰，为了结束战争，缓解对普鲁士的不利局面，腓特烈二世已经做好了退位的准备。这时，一件关系战争胜败的事件发生了。1763年1月，俄国的女皇伊丽莎白一世去世了，彼得三世成为俄罗斯的国王。他非常佩服腓特烈二世，刚即位就和普鲁士签订和约，向普鲁士归还俄罗斯占领的土地，派兵帮助普鲁士和奥地利作战。

1763年2月，奥地利被迫与普鲁士签订《胡贝尔茨堡和约》，西里西亚地区无可争议地成为普鲁士的国土。普鲁士成为欧洲的军事强国，开始了争霸欧洲之路。

在强大军队的支持下，腓特烈带领普鲁士和俄罗斯、奥地利一起对波兰进行第一次瓜分，使普鲁士成为德意志境内最强大的邦国。

受到启蒙思想的影响，腓特烈二世在重视军事扩张的同时，还注重提高普鲁士的综合国力。他改革税收制度，减轻农民和工厂的负担，促使普鲁士的工业快速发展起来；改革法律制度，取消酷刑，选任受过良好教育、公正廉明的人担任法官；提倡科学和艺术，请具有启蒙思想的人到学校里任职，促进了普鲁士的初等教育的发展。

出于对腓特烈二世的文治武功的尊敬，人民将他称为“腓特烈大帝”。

七年战争

失去“奥地利王冠上的明珠”之称的西里西亚地区的奥地利咽不下这口气，从1756年8月开始，奥地利发动了与普鲁士的战争。这场战争涉及的国家众多，持续的时间很长，直到1763年2月才结束，史称七年战争。

英国宪章运动

西方的资本主义强国的政治统治形式是经过人民的长期斗争、经过无数次的谈判和妥协形成的。最早的民主斗争是英国的宪章运动。

英国在 19 世纪 30 年代就完成了第一次工业革命，商业、制造业和运输业得到迅速的发展，工业资产阶级迫切地想参与国家的管理，以维护自己的利益。1832 年，工业资产阶级在工人的支持下，在议会改革中获胜，成为国家的统治阶级，而工人却什么利益也没有得到，依然在政治上没有地位，经济上收入微薄。

在当时，工人们一天中的 16~18 个小时都要在工厂里劳动，工资却是少得可怜的 2 便士，而女王和她的丈夫每人每

英国爱丁堡议会辩论室

天的收入分别高达164镑17先令60便士和104镑20先令。资本家为了降低成本，还雇用了大量的童工和女工。工人们居住条件很差，导致疟疾、伤寒、肺病等流行疾病在他们中间肆虐传播。

为了改善生存环境，争取更多的政治利益和经济利益，工人们不断进行大规模的示威游行。1836年，认识到只有所有工人联合起来，才能与政府谈判，英国伦敦的一个木匠——罗维特发起了成立“伦敦工人协会”，目的是为工人争取选举权，自己选出代表维护工人的利益。1837年，协会向议会递交了请愿书。1838年5月，这份请愿书以法案的形式公布，被称为《人民宪章》。因此，这次斗争被称为宪章运动。

英国伦敦著名的大本钟钟塔

《人民宪章》公布后，受到各地工人的欢迎，宪章运动立刻席卷全国。1840年7月，各地宪章运动的代表来到曼彻斯特，参加第一届宪章运动代表大会，成立全国宪章派协会。会议决定采取和平请愿的方式向议会递交请愿书，要求改组下议院，让下议院真正代表广大劳动者的权益。

1842年5月2日，一份由300万人签名的请愿书和《人民宪章》，被全国宪章派协会的负责人交给下议院。这份《人民宪章》指出："英国的统治阶级过着奢侈的纸醉金迷的生活，而广大的劳动者却受苦挨饿。"请愿书要求把《人民宪章》确定为法律。

1848年，主要的欧洲国家都爆发了革命运动，英国的工人再次看到了维护自己权益的希望，有197万人签名的请愿书和《人民宪章》被放在华丽的马车上，由全国宪章派协会第三次代表大会的代表送往议会。议会拒绝接收请愿书和《人民宪章》，并派出大量的宪兵镇压工人的游行示威。在残酷的镇压下，宪章运动宣告失败。

宪章运动虽然以失败而告终，但是它对英国的民主政治走向产生了重要的影响。到19世纪后期，英国的议会选举改革都受到宪章运动的影响，并最终实现了普选。

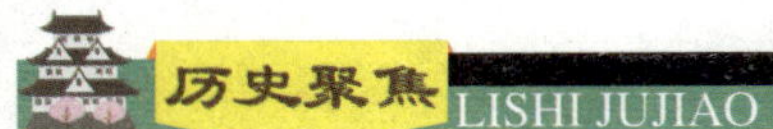

英国的议会

英国的议会由国王、下议院、上议院组成。英国的上议院由世袭制的贵族选举产生，下议院由普通公民选举产生，代表普通劳动人民的利益。

悲壮的“五月流血周”

在世界近代史上，很多国家的人民起义是在国内、国外的反动势力的联合下被绞杀的。我国的太平天国起义、义和团运动和法国的巴黎公社都是因此而失败的。

巴黎公社成立后，资产阶级看到工人们掌握了政权，害怕他们报复，就都离开巴黎前往凡尔赛，投奔梯也尔。

然而，凡尔赛的梯也尔由于普法战争的失败，手中也没有多少军队，大部分军队都在色当成了普军的俘虏。梯也尔非常想回到巴黎，把巴黎公社镇压下去，但是只凭手中可怜的两三万人，他实在不敢挑战巴黎公社。他着急地召集各级部长、大臣商量下一步的行动计划。

在会议上，所有人都叹息兵力弱小，对巴黎公社没有办法。会后，梯也尔把法尔夫单独留下来，让他去一趟德军的阵地，一定要和俾斯麦当面谈一谈。

法尔夫已经完全领会了梯也尔的意思。他来到德军的阵地，通过出卖法国的国家利益，与普鲁士勾结在一起，共同镇压巴黎公社。他们商定，让被俘的十几万法国军人回到凡尔赛，梯也尔可以带领军队从德军的阵地穿过。

1871 年 5 月 20 日，经过充分准备的梯也尔命令军队对巴黎发动总攻。很快，双方的差距就显现出来了。凡尔赛军队进退有序，各方面配合良好；而国民自卫军没有统一的指挥，在各个战场都是各自为战，在防御上也存在战略失误。种种条件叠加在一起，形势对自卫军越来越不利，经过一昼夜的激战，凡尔赛军队进入巴黎，激烈的巷战随之展开。

国民自卫军在巴黎的大街小巷构筑街垒，凭借简单的工事和凡尔赛军队展开殊死搏斗。一批又一批的凡尔赛军队在巷战中被击退。自卫军的战士相互鼓励着，都要求自己，只要还有一口气在，就不让敌人越过街垒一步。

看到凡尔赛军队在巴黎的军事进展如此艰难，普鲁士又一次选择帮助他们。普鲁士军队打开了位于巴黎西北面的圣乌昂门封锁线，大批的凡尔赛军队从这里冲向巴黎。不久，飘扬在市政厅屋顶上的红旗缓缓地降了下来，一名战士向在

法国凡尔赛宫

场的所有人宣誓，只要他还有一口气在，这面红旗就不会受到丝毫的损害。

到了5月26日，仅仅有不到1/6的街区掌握在公社战士的手中，拉雪兹神父墓地成为公社指挥部的所在地，只有200名战士守卫在那里。一天后，5000多名凡尔赛军人冲向了墓地，经过惨烈的战斗，弹尽粮绝的公社战士在白刃战中成了俘虏，随后，一批又一批的公社成员被押到这里。5月28日，在“公社万岁”的口号声中，公社成员被屠杀殆尽，整个墓地到处都是公社成员的鲜血。

5月21日—5月28日，巴黎公社成员为了保卫自己的胜利果实而与凡尔赛军队展开的这场你死我活的战斗，被称为“五月流血周”。

起义的意义

1871年3月18日起义胜利，这是巴黎工人阶级和劳动人民武装夺取资产阶级政权的一个伟大壮举。马克思热情地称颂道：“英勇的3月18日运动是人类从阶级社会中永远解放出来的伟大的社会革命的曙光。”3月28日，20万人聚集在巴黎市政厅前宽敞的广场上，欢呼巴黎公社正式成立。这是有史以来，无产阶级第一次建立的自己的政权。

“铁血宰相”俾斯麦

德国人的祖先是居住在这片土地上的日耳曼人。普鲁士统一德国之前，德意志这片土地上存在几百个小国或政治团体，它们组成了德意志联邦。但是，“德国在哪里？”几乎是每个德国人的疑问。普鲁士首相俾斯麦用他卓越的外交才能，通过“铁血政策”，统一了德国。

奥托·冯·俾斯麦于1815年4月1日出生在普鲁士的一个贵族家庭里，从小受到良好的教育，是一个掌握多国语言的天才。在大学期间，他无心向学，染上多种恶习，与同学进行过28次决斗。大学毕业后，他不满足于过普通人的生活，先后两次进入政坛。

1862年，俾斯麦成为普鲁士宰相兼外交大臣。为了结束德意志四分五裂的状态，实现统一德国的愿望，他在下议院的首次演讲中就坚定地说：“当代的重大政治问题不是用说空话和多数派决议所能决定的，而必须用铁和血来解决。德国所指望的不是普鲁士的自由主义，而是它的武力！”从此，俾斯麦被人们称为“铁血宰相”。

当然，他要统一德国，就需要议会的支持。普鲁士国王则担心议会先杀掉俾斯麦，再杀掉自己，但俾斯麦用自己的决心赢得了国王坚定的支持。为了更有效地推行自己的“铁血政策”，俾斯麦强硬地踢开议会。

由于丹麦经常插手普鲁士的内政，俾斯麦联合奥地利在

1864年打败丹麦，得到什列斯维希地区，奥地利则得到霍尔斯坦因地区。

要实现德国的统一，就需要把奥地利赶出德意志地区。为了在国际舆论中处于有利地位，俾斯麦不断对奥地利进行挑衅（tiǎo xìn：借机生事，目的是引起冲突或战争）。他先是提出改革德意志联邦法案，清除奥地利在德意志地区的影响。然后，借助奥地利发怒的机会，联合德意志的各邦国“制裁”奥地利。最后，利用奥地利要求用霍尔斯坦因地区交换什列斯维希地区的提议，团结国内的人民。一切准备充分后，俾斯麦稳住法国，联合意大利对奥地利宣战。

奥托·冯·俾斯麦雕像

1866年6月，奥地利出动28万人的军队，普鲁士出动了25万人的军队。俾斯麦为了表示必胜的决心，随身携带毒药，如果被打败，就服毒自杀。受到俾斯麦激励的普军士兵个个奋勇向前，打败了奥地利军队。7月，俾斯麦带领军队逼近奥地利首都维也纳（wéi yě nà：位于多瑙河河畔，是奥地利的首都和最大的城市，被称为“世界音乐之都”）。俾斯麦否决了占领奥地利全境的建议，因

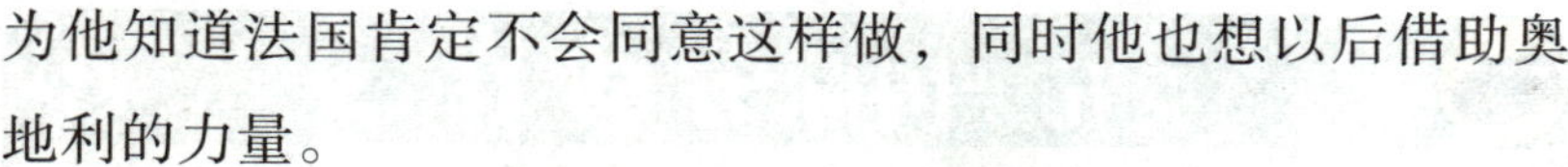

为他知道法国肯定不会同意这样做，同时他也想以后借助奥地利的力量。

正如俾斯麦所预料的那样，法国的拿破仑三世对普奥进行调停。普奥双方达成协议，普鲁士从奥地利撤军，并得到奥地利的四个邦国和一个自由市。从此以后，德意志地区没有了奥地利的影响，德国整个北部和中部地区被普鲁士统一了。

现在，阻碍德意志统一的只有背后操纵南部小国的法国了。经过充分准备，俾斯麦很轻易地就抓住机会刺激法国政府狂怒，对普鲁士宣战。1870 年，普法战争爆发。一年后，普鲁士击败法国，进军巴黎。在巴黎附近的凡尔赛宫，德意志帝国宣告成立，普鲁士国王成为德意志帝国皇帝，俾斯麦任首相，德意志实现了统一。

俾斯麦号战列舰

为了纪念俾斯麦，纳粹德国在第二次世界大战前建造了一艘以俾斯麦命名的战列舰。该舰在汉斯·布洛姆造船厂建造，是俾斯麦级战列舰首舰。

该舰长 241.55 米，宽 36 米，最大吃水 9.99 米，标准排水量 41，637 吨，满载排水量 50，300 吨，最高航速 30.12 节，最大续航力 8，500 海里。舰上装备 8 门 380 毫米主炮，12 门 105 毫米副炮和 36 门机关炮，是二战时期著名的战列舰之一。

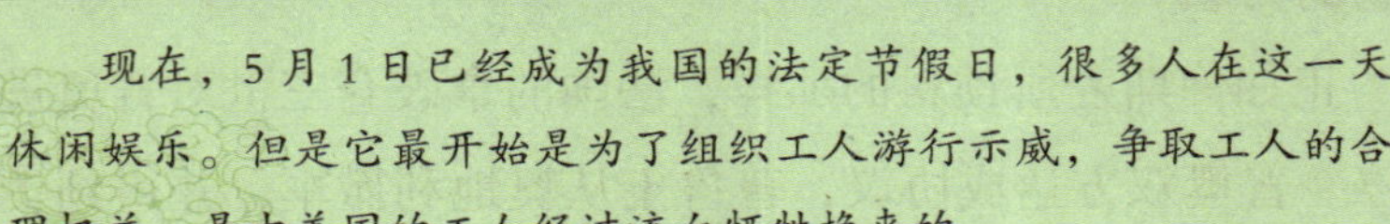

五一国际劳动节

现在，5月1日已经成为我国的法定节假日，很多人在这一天休闲娱乐。但是它最开始是为了组织工人游行示威，争取工人的合理权益，是由美国的工人经过流血牺牲换来的。

19世纪末期，欧美的资本主义逐渐进入帝国主义阶段。为了最大可能获得经济利益，资本家对工人进行疯狂的压榨，他们采取的措施是不断提高劳动强度和延长劳动时间。同时，工人的微薄收入又不足以维持他们的温饱生活。后来，工人们认识到，要想维护自己的权益，只能团结起来和资本家谈判。

1877年，美国的工人们第一次走上街头进行罢工游行示威。政府在巨大的压力下，制定法律，明确了八小时工作制。

但在现实生活中，资本家无视八小时工作制的相关法律，工人们的处境依然没有多少改善。为了争取自己的合法利益，1884年10月，国际性的工人组织和全国总工会在芝加哥开会，决定在1885年5月1日举行更大规模和范围的罢工、游行，迫使资本家实施八小时工作制。

1886年5月1日，美国的芝加哥、波士顿、纽约、费城等地爆发了大规模的示威游行，参加罢工游行的工人多达35万。5月3日，在芝加哥，麦考米克收割机厂的老板又雇用了300名工人顶替罢工的工人开工。他们在准备进入工厂时，被守卫在门口的工人拦住，随后，门口聚集了1400名工人和

300名替工者，双方发生激烈冲突。赶来的警察在没有任何征兆的情况下，突然向工人射击，造成4名工人死亡和多名工人受伤。

当天晚上，芝加哥市的广场上聚集了3000多名工人，他们悼念死去的工人，并对警察开枪射击表示抗议。很快，武装到牙齿的警察就冲进广场，用暴力驱逐工人，在对抗中，现场一片混乱。突然，一枚炸弹被扔进人群，4名工人和7名警察被炸死，还有多人受伤。警察随即向人群开枪，有200多名工人被打死、打伤，很多工人被逮捕。

芝加哥的法院在证据不足的情况下，判处7名工人领袖死刑，1名工人领袖15年有期徒刑。这激起了社会知名人士

辛勤劳动的工人

和欧洲各国政要的不满，他们纷纷给伊利诺伊州的州长发电报或写信，要求公开、公平、公正地审理工人领袖。德国的工人领袖威廉·李卜克内西、马克思的女婿爱德华·爱威林还亲自到监狱里探望这8名工人领袖。各国的工人也都举行集会，支持芝加哥的工人运动。面对巨大的压力，芝加哥法院只好以谋杀罪判处有无政府主义思想的4名工人领袖死刑。行刑那天，有几十万工人为他们送别，唱着《马赛曲》参加他们的葬礼。

在美国，通过这次事件，获得八小时工作制的工人有十几万，其他工人的工作时间也大大缩短。

1889年7月14日，来自世界各国的社会主义代表齐聚巴黎。在会上，首次有代表提出为了纪念1886年5月1日的工人运动，每年的5月1日，工人们都要举行示威游行，以争取自己的权益。1890年，第二共产国际把每年的5月1日定为国际劳动节。

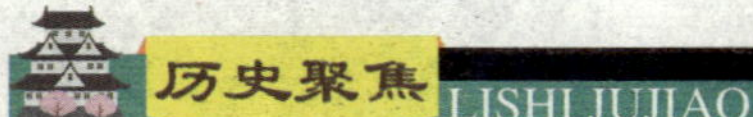

第二共产国际

第二共产国际，又称“社会主义国际”，是一个世界性的工人运动组织，于1889年7月14日在巴黎成立，最大的成就是确立五一国际劳动节、三八妇女节、八小时工作制。1916年解散。

蒙古人入侵欧洲

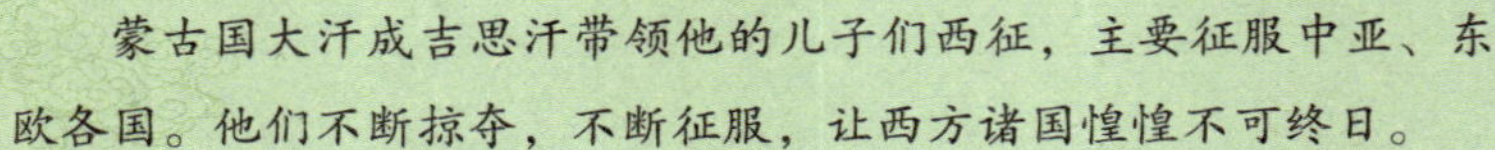

成吉思汗西征

蒙古国大汗成吉思汗带领他的儿子们西征，主要征服中亚、东欧各国。他们不断掠夺，不断征服，让西方诸国惶惶不可终日。

1206 年，蒙古各部落首领在斡难河畔召开大会，推举铁木真为大汗，尊称其为成吉思汗，建立了蒙古国。蒙古国建立后，以成吉思汗为首的蒙古贵族不断发动掠夺战争，用兵的主要方向是南下与西征，南下攻击的主要目标是金朝和南宋，西征则是征服中亚、东欧各国。

1219 年，为了剿灭（jiǎo miè：征讨消灭）乃蛮部的残余势力，征服西域强国花剌子模，成吉思汗开始了西征。蒙古 20 万大军长驱直入，自额尔齐斯河流域分进合击，先后攻占布哈拉、花剌子模新都撒马尔罕、讹答剌、毡的城。花剌子模国王摩诃末西逃，后来病死在里海的一个小岛上，摩诃末的儿子札阑丁在呼罗珊一带继续抵抗。为了剿灭札阑丁，1221 年，成吉思汗率大军渡过阿姆河，占领塔里寒城。最后，札阑丁孤身一人逃跑，花剌子模灭亡。1223 年，蒙古大军在西追札阑丁的同时，还深入罗斯，大败敌军，罗斯诸王公几乎全部被杀。1225 年，成吉思汗凯旋东归，将本土及新征服所得的西域土地分封给自己的几个儿子。

1227 年，成吉思汗去世，成吉思汗的第三子窝阔台继任大汗。1234 年，窝阔台集结诸王大臣召开会议，商讨西征大事。

窝阔台派兵分别攻打波斯（今伊朗）和钦察、不里阿耳等部，基本上征服了波斯全境。西征军一路势如破竹，很快就彻底消灭了花剌子模，杀死了札阑丁。1237年年底，拔都又率大军继续西进，大举进攻罗斯，相继攻陷莫斯科、基辅诸城。1240年，拔都分兵数路继续向欧洲腹地挺进，进攻孛烈儿（今波兰）、马扎尔（今匈牙利）。1241年，北路蒙古军队在波兰西南部的利格尼兹大破波兰与日耳曼的联军，中路蒙古军队主力由拔都亲自率领，进击匈牙利，大获全胜，兵锋直指意大利的威尼斯。全欧震惊，西方诸国惶惶不可终日，称之为“黄祸”。1241年年底，窝阔台驾崩（jià bēng: 帝王去世）的消息传到军中，拔都率军从巴尔干撤回到伏尔加河流域，

成吉思汗雕像

以萨莱为都城，在伏尔加河畔建立了钦察汗国。

1251 年，成吉思汗之孙蒙哥即大汗位。1253 年，蒙哥派弟弟旭烈兀率军发起了第三次西征。1257 年，蒙古军队荡平木剌夷，挥师继续西进，直指黑衣大食首都巴格达。1257年冬，旭烈兀三路大军围攻巴格达，于第二年初攻陷该城，消灭了有 500 年历史的黑衣大食。此后，旭烈兀又率兵攻陷阿拉伯半岛上的麦加，攻占大马士革，其前锋部队曾渡海到达富浪（今地中海东部的塞浦路斯岛）。

成吉思汗

孛儿只斤·铁木真（1162—1227），蒙古国可汗，尊号“成吉思汗”，意为“拥有海洋四方的大酋长”，世界史上杰出的政治家、军事家。1162 年（宋高宗绍兴三十二年，金世宗大定二年）出生在漠北草原斡难河上游地区（今蒙古国肯特省），取名铁木真。1227 年，在征伐西夏的时候去世。1265 年（至元二年）10 月，元世祖忽必烈追尊成吉思汗庙号为太祖。翌年 10 月，太庙建成，追尊谥庙号，元世祖追尊成吉思汗谥号为圣武皇帝。

马木路克大战蒙古兵

说起蒙古人，大家都不陌生。不过要是说起他们和埃及、土耳其的争斗来，知道的人恐怕就不多了。现在我们就去了解一下吧！

9世纪起，一些阿拉伯的人贩子从中亚一带诱拐和绑架儿童，把他们当成奴隶卖到巴格达、大马士革和开罗。这些孩子被阿拉伯君主买去后，送到军事学校训练，然后成为保护国王或进行对外战争的骑兵。

在这些奴隶当中，中亚的突厥人和来自高加索的格鲁吉亚人因体格强健、勇猛好斗而最受欢迎。因为这个原因，每年格鲁吉亚都有近2万个孩子被拐卖。

忽必烈雕像

这些奴隶进入军事学校后，先要掌握阿拉伯语，然后被灌输尽忠于主人的思想。他们到14岁就要开始学习骑马、射箭和熟练使用弯刀。别看他们的身份是奴隶，但是地位并不低，甚至可以担任高级官员。

1250年，突厥人阿依

巴克篡位，建立了埃及马木路克王朝。马木路克就是“奴隶”的意思。

1258 年，旭烈兀率领蒙古西征军灭亡了阿拉伯帝国，抵抗蒙古人入侵的主力只剩下埃及马木路克王朝。不久，蒙古内部发生了争斗，忽必烈和阿里不哥争夺汗位。为了助忽必烈一臂之力，旭烈兀急忙班师回朝。临走时，他把 2 万军队留在了大马士革，由大将怯的不花镇守。

1260 年 8 月，埃及马木路克苏丹忽都思从埃及带了 12 万大军攻打蒙古军队。9 月，两军相遇。虽然敌方人数众多，但是怯的不花见惯了征战，一点儿也不慌张，甚至因为蒙古军战无不胜而变得骄傲轻敌起来。

马木路克骑兵按照计谋边战边退，把蒙古人引到一个山

忽必烈和元妃雕像

谷，这里早就布下伏兵，从三面将蒙古人包围起来。

蒙古人发现被包围后，先是一阵紧张，而后很快就平静下来。久经沙场的怯的不花立刻命令军队从两翼突围，随即马木路克骑兵放箭阻拦。不少蒙古军被射中，损失惨重，但他们毫不畏惧（wèi jù：害怕），继续向前冲杀。马木路克骑兵被蒙古人不怕死的精神吓坏了，连忙后退。

忽都思一看自己的军队这样胆怯，就大吼一声，甩掉头盔，挥舞大刀冲入蒙古军中，一连将几个蒙古人砍倒。在他的带领下，士兵们也回过神来英勇杀敌。

这场战斗打了将近一天才结束，最后蒙古人寡不敌众，被打得大败，怯的不花也被乱箭射死。

马木路克骑兵又追赶上蒙古军的残兵败将，把他们全部歼灭。战争的结果传到大马士革后，留下的蒙古守军也仓皇（cāng huáng：仓促、慌张）逃走了。

忽都思重新夺回了大马士革。

1517 年，马木路克王朝被奥斯曼土耳其消灭。

大马士革

世界上有人居住的最古老城市，历史上伊斯兰第四圣城，阿拉伯帝国倭马亚王朝的首都，号称“人间的花园，地上的天堂”，现在是叙利亚共和国的首都和最大城市。

奥斯曼帝国的盛衰

奥斯曼建立了酋长国卡伊，宣布独立，称为奥斯曼土耳其国，他不断壮大自己的国家，不断征服其他国家，把一个小部落发展成了一个强大的帝国。

土耳其人卡伊部落初居中亚，后迁至小亚细亚半岛。最初依附于塞尔柱罗姆苏丹国。

1299 年，部落首领奥斯曼宣布独立，定国号为“加齐”，人们称其为奥斯曼土耳其国。土耳其历史的新篇章开启了。

奥斯曼是一位传奇人物。他年轻有谋略（móu lüè：计谋、策略）。13 世纪初，西方十字军侵略拜占庭帝国，拜占庭帝国被打得四分五裂。奥斯曼土耳其离拜占庭很近，但奥斯曼却不趁机进攻拜占庭的城市，而是养精蓄锐，不断壮大自己的军队。直到 1301 年，奥斯曼的军队已经有了一定的实力，才开始进攻拜占庭军队。奥斯曼采取先射箭骚扰，再猛攻的战术，一下子就战胜了敌军。

然后，他征服了周围的酋长国，建立独立统一的公国。奥斯曼于 1326 年占领了拜占庭帝国的布鲁萨城，把它定为国都。

奥斯曼领导他的人民把一个小部落发展成一个强大的帝国，因此，人民很崇拜他。

他去世后，人民把他埋葬在布鲁萨，在墓碑上刻上“愿他像奥斯曼一样伟大”，用以激励以后奥斯曼帝国的统治者。

奥斯曼的二儿子奥尔汗继承了王位，他也很有才干，任命自己的哥哥为宰相，兄弟俩把首都布鲁萨建设成了一个贸易中心。在这里，人们交易着南方的香料和糖、北方的毛皮、欧洲的羊毛衣料、中国的丝绸。这些贸易促使奥斯曼帝国的政治、经济实力得以增强。

他们还请希腊人当顾问，在建筑、造船和手工业方面出谋划策。在这里，他们建造了寺院、救济所和客店，从而吸引了大量移民。

奥尔汗还建立了一支常备军，初期只有 1 万人，规模不大，但训练严格，装备精良。战士不允许成家，要终身服役

布鲁萨的伊斯兰教寺院

（fú yì: 服兵役），但待遇很好，享受特权，他们人人以参战为荣。有了这支战斗力很强的军队，奥尔汗很快占领了拜占庭帝国在小亚细亚半岛的全部领土。接着，他开始进攻巴尔干半岛。1354 年，土耳其人横渡达达尼尔海峡，趁着地震，攻占了加利波利，把这个拜占庭的要塞城市变成了进军巴尔干半岛的桥头堡。

1360 年，奥尔汗的儿子穆拉德继承王位，被称为穆拉德一世。他率领军队相继占领了拜占庭境内的一座座名城，整个欧洲为之震动。1363 年，拜占庭帝国被迫向奥斯曼帝国求和，只作为它的一个属国而苟延残喘。

攻占君士坦丁堡

1453 年，穆罕默德二世率领大军由水陆两方面同时进攻君士坦丁堡。君士坦丁堡虽然有许多险要的堡垒，军民也进行了拼死的抵抗，但力量对比悬殊，守军只有不足 1 万人。但刚开始却没有任何进展，最后，穆罕默德二世得到了热那亚人的支持，利用涂油板将土耳其战船运过加拉塔后面的陆地，然后用这些船只搭浮桥，从侧面攻城。君士坦丁堡被打开一个缺口，在顽强地坚持了 5 天之后，君士坦丁堡最终于 1453 年 5 月 29 日被攻陷。1457 年，奥斯曼帝国迁都于此，并把君士坦丁堡改名为伊斯坦布尔，著名的圣索菲亚教堂也被改为清真寺。

第十五章

日本和朝鲜

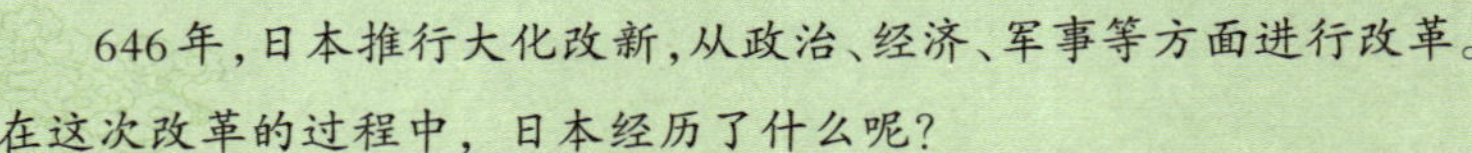

日本的大化改新

646年，日本推行大化改新，从政治、经济、军事等方面进行改革。在这次改革的过程中，日本经历了什么呢？

6世纪，整个日本社会比较混乱，部民制已经过时，统治方法需要改革，于是日本开始向中国学习。改革是从统治阶级的上层开始的，代表人物是苏我稻目（约506—570）。他曾经是两朝天皇的大臣，在朝廷中主要掌管财政。苏我稻目经常与中国的赴日人员交流，与大陆移民的关系良好。

但朝廷中的顽固势力反对改革，代表人物是物部氏的物部尾舆。他是掌管军事的大贵族，极力维护原来的统治方式。587年，用明天皇去世，因为皇位继承的问题，苏我稻目的儿子苏我马子和物部尾舆的儿子物部守屋进行了一场决战——衣折战役。在衣折战役中，苏我马子击败了物部守屋，控制了朝廷，立泊濑部皇子为天皇，即崇峻天皇。592年，苏我马子拥立他的外甥女为推古天皇。

593年，推古天皇指派圣德太子代她处理朝政。

圣德太子（574—622），名厩户，他是用明天皇的皇子。他非常了解中国文化，对中国实行的大一统国家体制极为欣赏，主张加强皇权，开始积极准备政治改革。603—604年，圣德太子制定了冠位十二阶和十七条宪法，进行“推古改革”。

622年，圣德太子去世。苏我氏担心进一步的改革会损害他们的专权，于是苏我入鹿（苏我氏的代表人物）于643年杀死了山背大兄王（圣德太子的儿子），改革停止。

645年6月12日，在三韩使者的接见仪式中，中大兄皇子与中臣镰足合谋杀死了苏我入鹿，然后马上在奈良组织军队，对苏我氏严加防卫。13日，苏我入鹿的父亲被迫自杀。14日，革新派组成一个集团，核心人物是中大兄皇子和中臣镰足。他们结束了苏我氏的天皇时代，拥立孝德天皇（王子）继位。他是中大兄的舅舅，继位后开始效仿中国，建年号“大化”，并把首都迁到难波（今大阪）。646年元旦，新政权发布了《改新之诏》，并全力在全国贯彻实施。新政权为保证改革顺利进行，在全国各地检查田产，登记人口。701年，

由苏我马子在564年兴建

新政权又颁布（bān bù：公布）了《大宝律令》，以法律的形式把改革固定下来。大化改新逐步进行，在实施中，改革纲领也在不断修改和完善，这一过程持续了大半个世纪。改革之后，在经济上，逐渐废除部民制，建立了封建土地国有制；在政治上，废除了贵族世袭（shì xí：世代继承爵位）特权，建立了以天皇为中心的中央集权国家；在军事上，实行征兵制，在首都设立五卫府，在地方设立军团，规定所有的军队都归中央统一指挥。

大化改新解放了部分生产力，进一步完善了日本的统治制度，奠定了国家发展的方向。大化改新之后，日本进入了封建社会。

以唐朝为师的人

据日本学者的考察，“大化改新”所颁律令与唐朝律令相仿、相似的条文竟多达420余条。其后，天智天皇颁布的《近江令》沿于唐太宗《贞观律》。天武天皇颁布的《天武令》则以唐高祖《武德律》、唐太宗《贞观律》、唐高宗《永徽律》为蓝本而制定。“大化改新”以后，自天智天皇至丰臣秀吉的数百年间，日本始终沿用唐律。

朝鲜半岛的统一

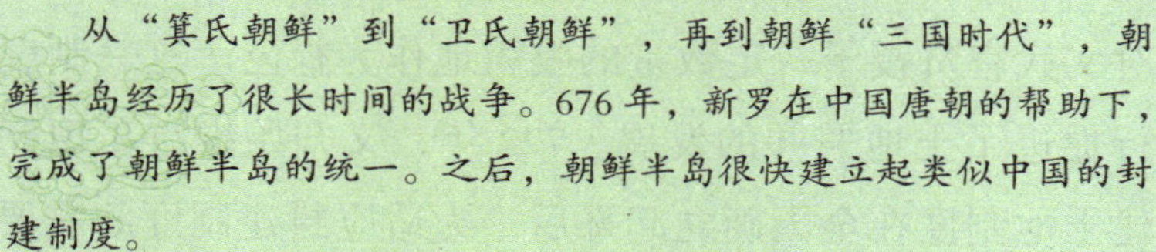

从“箕氏朝鲜”到“卫氏朝鲜”，再到朝鲜“三国时代”，朝鲜半岛经历了很长时间的战争。676年，新罗在中国唐朝的帮助下，完成了朝鲜半岛的统一。之后，朝鲜半岛很快建立起类似中国的封建制度。

朝鲜民族自古居住在朝鲜半岛上。在原始社会末期，半岛上逐渐形成了几个部落联盟。公元前11世纪周武王灭商后，殷商贵族箕子不肯臣服西周，便率领一批殷商遗民前往朝鲜，后来被周武王封为朝鲜侯，建立了政权，这就是“箕氏朝鲜”。公元前194年，西汉燕王手下的将领卫满来到朝鲜，发动政变，推翻了箕氏王朝，建立了“卫氏朝鲜”。公元前108年，汉武帝灭卫氏朝鲜，派驻太守进行统治。公元元年前后，朝鲜半岛北部出现了高句丽奴隶制国家。3世纪初期，东汉王朝灭亡，朝鲜北部的高句丽趁机兴起，朝鲜半岛出现高句丽、百济和新罗三国鼎峙（dǐng zhì：三方面对立）的局面，形成朝鲜历史上的“三国时代”。

高句丽、百济、新罗三国统治者为了争夺半岛上的霸主地位，进行了长期激烈的斗争。三国当中，以高句丽为最强，曾控制中国今辽西地区。直到7世纪中期，唐朝灭掉了百济和高句丽，在平壤设立了安东都护府进行统治。676年，新罗统一了朝鲜半岛。

朝鲜半岛统一后,类似中国的封建制度便很快建立起来。首先形成了土地国有制，687 年，又颁布实行禄邑制，由国家对文武官员授予一定数量的收租地作为禄邑。这一制度的实行促进了土地兼并的发展。722 年，又开始推行丁田制。封建土地制度在全国确立起来后，为适应封建制度的需要，它还参照唐朝的政治制度，建立起一套比较完善的中央集权的国家体制。

新罗末年，国势衰微，农民起义接连不断，地方封建势力割据。918 年，后高丽武将王建被拥立为王，国号高丽，建立高丽王朝，后定都开京。936 年，高丽王朝重新统一朝

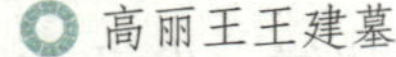
高丽王王建墓

鲜半岛。高丽王朝实行中央集权制，976年，实行田柴科制，并设有一套完整的官僚机构，中央掌握着一支强大的常备军。10世纪末和11世纪末，高丽3次击退契丹进攻。12世纪为高丽最强盛时期。从12世纪后期起，土地兼并重新盛行，田柴科制被破坏，爆发了席卷全国的农民大起义。1258年，高丽投降蒙古。1280年，元朝在高丽设立征东行省。1368年，明朝推翻蒙古贵族统治，元朝灭亡。1392年，高丽王朝大将李成桂发动政变，废高丽末王，改国号为朝鲜，建立李姓王朝（1392—1910）。16世纪末，日本进犯朝鲜，中朝军民联手将日本击败，但朝鲜国力因此而变得衰弱。

田柴科制

10世纪上半期，高丽王朝建立之初，国家实行土地清查，登记全国耕地和山林，收归国有，然后将一部分土地和山林按等级分给文武百官和士兵，称为“田柴科”。“田”指耕地，“柴”指柴林，“科”指官吏的等级。田柴科是国家把土地的收租权按等级授予受田者（文武百官，以至府兵、闲人），等级越高，分得的土地和林地越多。文武官员按“人品”（身份）分为79品，最高者得田柴各110结，最低者得田21结，柴10结。士兵给田15结。到了12世纪，土地兼并严重，田柴科制逐渐被破坏。

李舜臣和壬辰战争

中国明朝万历年间，日本以朝鲜不帮他们攻打中国为由，向朝鲜发动侵略战争。后来，朝鲜向中国恳请援助，两国合作，最终将日本赶出了朝鲜。

1592年春，日本向朝鲜发动战争。日本的丰臣秀吉率军攻陷了汉城、开城和平壤，朝鲜岌岌（jí jí：山高陡峭，就要倒下的样子。形容非常危险，快要倾覆或灭亡）可危。丰臣秀吉乘胜追击，不想遇到李舜臣，遭遇惨败。

李舜臣是朝鲜名将，足智多谋、刚毅果敢。他镇守着朝鲜海峡，对训练水师的工作非常重视，还对传统的龟船做了特别的改进。

龟船是朝鲜人发明的战船，船身的防护板就像龟壳一样，因此而得名。

1592年5月1日，丰臣秀吉将50多艘兵船停靠在玉浦港，很多士兵都上岸去老百姓家中抢劫。李舜臣得知消息后，指挥90多艘龟船来到玉浦港，重创日军。

20多天后，李舜臣又得到消息，在泗川岸边停靠着10多艘日船，于是就指挥龟船前去攻击。李舜臣又在唐浦打败了日军。

7月的一天，李舜臣在闲山岛将日军水师主力一举歼灭，控制了海域。他因为功勋显著而升职，成为三道水军统制使。

此时，中国向朝鲜派出援军，很快朝鲜就收复了开城、平壤，把日军从朝鲜北部赶了出去。日本被迫与朝鲜进行和平谈判。可是，1597年2月，由于朝鲜奸臣和日本间谍的陷害，李舜臣被免职治罪。

丰臣秀吉听说李舜臣被免职，立即停止谈判，再次向朝鲜发兵，朝鲜几座城市很快沦陷。他们只好重新任命李舜臣为海军将领，并恳请中国出兵援朝。临危受命的李舜臣用了不到一个月的时间组建了一支水师。他在鸣梁海峡巧用计谋，利用有利地形，布下铁索阵，将30多艘日船击沉，击毙4000多名日军，丰臣秀吉再次失算。

1597年，李舜臣和中国名将邓子龙率领朝中联军在露梁

丰臣秀吉雕像

海与日军展开激烈海战。深夜，联军向日军发动猛烈攻击。战斗中，李舜臣看见邓子龙被围，急忙前去解救，在途中，李舜臣左胸不幸中弹。死前，他忍痛将军旗交给副将，让他代为指挥，这场海战一直持续到第二天中午。至此，这场持续了6年时间的战争终于结束，朝鲜取得了辉煌的胜利。因为战争始于1592年，是农历壬辰年，所以这场战争被朝鲜半岛国家称为“壬辰卫国战争”。

虽然朝鲜将领李舜臣和中国将领邓子龙都牺牲了，但他们一心为国、英勇杀敌的精神永垂不朽。李舜臣的海上作战实践也为后人留下了宝贵的海战经验。

邓子龙

邓子龙，江西丰城人，中国明朝著名抗倭将领、军事家。

开始时，邓子龙在广东、福建沿海一带抗倭，后来在江西镇压农民起义。到万历年间，又参与平定五开卫兵变和金道侣起义。1585年，邓子龙因军卒叛变被夺职。1597年，参加朝鲜战争，在露梁海战中以身殉国。

邓子龙不但英勇好战，而且喜欢书法，爱好吟咏，著有《横戈集》《阵法直指》和《风水说》等，可谓文武双全。

“倒幕”运动与明治维新

欧洲和美洲的资产阶级通过革命的方式掌握了国家政权，带领国家走上了繁荣富强的道路。19 世纪后期，日本的明治天皇在新兴的资产阶级的支持下，也开始了全面的改革运动，史称“明治维新”。

在日本的历史上，很长一段时间都是诸侯割据的局面，天皇仅仅控制着一小部分的领土。1603 年，日本各地的诸侯被德川家康消灭殆尽，日本开始进入德川幕府统治时期，天皇只是名义上的元首，幕府将军才是日本的实际领导人。为了让自己的统治延续下去，德川幕府对内实行奴化教育，禁锢人民的思想；对外实行闭关锁国的政策，防止外国势力渗透，干扰日本的政治、经济。

从 1854 年开始，德川幕府先后与西方列强签订了一系列的不平等条约，加剧了日本中下层民众的生活负担，激起了他们对德川幕府的反抗情绪。一场推翻德川幕府统治的运动即将开启。

1865 年 12 月，高杉晋作带领以农民为主力的“奇兵队”打败了保守派的军队，夺得了长州藩的政权。不久，大久保利通、西乡隆盛等人控制了萨摩藩的政权。他们很快就结成联盟，共同对抗德川幕府，成为全国反抗幕府统治的核心。随后他们进行了一系列的改革，赢得了农民、中下层武士和工商业者的支持。同时，他们还积极地同西方列强接触，购

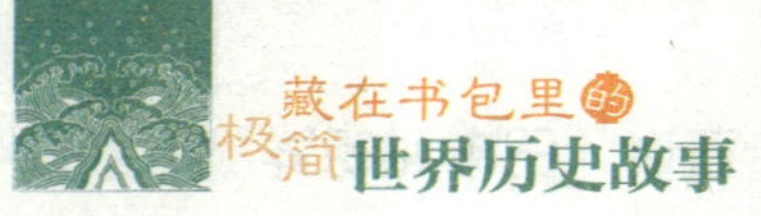

买大量军火来武装自己。

1865 年 12 月，支持德川幕府的孝明天皇去世，继位的明治天皇年仅 15 岁。他虽然年纪尚小，却认识到必须推翻德川幕府，于是，他暗地里与倒幕派联系，并写了一份“倒幕密诏”派人交给大久保利通。

收到明治天皇的“倒幕密诏”后，大久保利通激动得不能自已。在这喜庆的时刻，一个宫廷侍卫气喘吁吁地跑来报告德川庆喜已经面见天皇，要求辞去征夷大将军的职位，让天皇亲政。

大久保利通等人当然不会相信德川庆喜会如此轻易地放弃手中的权力，他们一面恭贺天皇亲政，麻痹德川庆喜，一面秘密地四处调兵遣将，等准备充足后发动宫廷政变（zhèng biàn：统治阶层内部为了争夺权力而进行的暴力争斗），打

日本东京的明治神宫

德川庆喜一个措手不及。

1868 年 1 月 3 日，西南诸侯带兵包围皇宫，解除了归属于德川幕府的皇宫警卫队的武装。年少的明治天皇在各路诸侯的支持下召开御前会议，行使权力，颁布诏书，重新组建中央政府，任命大久保利通和西乡隆盛等改革派为朝中要员，处理日常政事。

德川庆喜把他控制的全部军队召集过来，然后杀气腾腾地进攻京都。西乡隆盛、大久保利通、木户孝允等人依靠长州、萨摩、安艺等地的军队，在京都附近的伏见、鸟羽两地与幕府军展开激战。为了激励士气，明治天皇亲自到前线慰问视察。幕府军队很快就被击败了，德川庆喜只好逃往江户。明治天皇没有给德川庆喜喘息的机会，立即挥师进攻江户，没有退路的德川庆喜只好向明治天皇投降。

从此以后，日本告别了德川幕府时代。之后，明治天皇进行了一系列的改革，带领日本进入了发展的快车道。

德川幕府

德川幕府是由日本历史上的传奇人物德川家康在江户建立的，实际统治日本二百多年。这是日本古代历史上最强盛的时代，对后世的日本有深远的影响。

朝鲜三一运动

三一运动是指处于日本殖民统治的朝鲜半岛于 1919 年 3 月 1 日爆发的一次民族解放运动，包括多次大规模的示威游行。此次运动由朝鲜宗教界人士组成的“民族代表”33 人和青年学生发起，并以朝鲜高宗李熙的葬礼为契机，于 3 月 1 日在汉城塔洞公园举行民众集会，宣读《己未独立宣言》，进行示威、请愿活动，要求独立。

早在 1905 年，日本便宣布朝鲜为“保护国”，将朝鲜划入自己的势力范围。面对日本的这一行径，朝鲜国王李熙表现得十分强硬。在 1907 年，他派出使者参加在荷兰海牙举行的“第二届万国和平会议”。在会议上，使者传达了李熙的态度——要求各国承认朝鲜独立，并废除日本“保护”。

得知这一消息后，日本干脆派兵扣押了李熙，逼他退位。到 1910 年 8 月，日本正式吞并朝鲜，开始了对朝鲜的统治。从此之后，朝鲜的资源遭到疯狂掠夺，国内工厂企业纷纷倒闭，工人们大批失业。农业也受到很大的冲击，生活越来越悲惨。于是朝鲜人民开始奋起反抗。在残酷的压迫之下，朝鲜人民没有退缩，反而做出了更为激烈的反抗。

终于，大风暴来临了！ 1919 年 1 月 22 日，被日本侵略者废黜（fèi chù：罢免、废除王位或特权地位）的朝鲜国王李熙突然死亡，朝鲜人认定是日本人害死了他们的国王，他们被激怒了！李熙的死亡犹如一个导火索，迅速点燃了这个

炸药桶。3 月 1 日早上，激昂雄壮的歌声在汉城响了起来。数千名学生高唱着《光复歌》走上街头，成千上万的朝鲜民众如潮水般涌向汉城塔洞公园。他们团结起来，举行反对日本帝国主义霸占朝鲜的盛大集会。

在这一天，人们情绪激昂，吼声震天，同声呼吁驱逐日本统治者，要求恢复祖国独立。在极短的时间内，日本警察便蜂拥而至，将这群爱国人士全部逮捕。

李熙

然而，反抗并没有结束，爱国战士们依然在集结。在宣读了《独立宣言》后，30 万名群众和学生开始了声势更为浩大的游行。见到这个景象，日本总督（zǒng dū：某一地区实际上或名义上的最高行政长官）又惊又怕，恶狠狠地下令道："全体出动！把闹事者给我抓起来，统统杀掉！"

很快，一队队日本警察和宪兵冲向了没有武装的游行队伍，他们的刺刀闪着寒光逼向游行的人们。

"日本军滚出去！"游行队伍前，一个爱国女学生高声喊道，没有丝毫惧怕。日本军官叫骂着，挥起了手里的军刀。她倒在了血泊之中，倒在了自己的同胞面前。

这下，人们彻底愤怒了，他们勇敢地扑上去，同日本警察、宪兵展开了肉搏战。鲜血并不能吓退勇敢的人们，只能让他们的士气更加旺盛。但是，日本统治者用极其残酷的手段镇压了起义，对朝鲜人民进行了血腥的屠杀，并且从内部分化了朝鲜人民的民族独立运动。最终，三一运动惨遭失败。

历史聚焦 LISHI JUJIAO

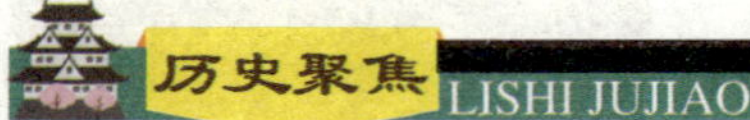

朝鲜国王李熙

李熙，生于1852年，卒于1919年，他是朝鲜王朝第26代国王，初名载晃，字明夫，乳名命福，即位后改名熙，字圣临，号珠渊，死后庙号高宗，因此通称朝鲜高宗，又称光武帝、李太王、韩高宗等，本贯全州李氏，是兴宣大院君李昰应之子。

朝鲜纪念宫

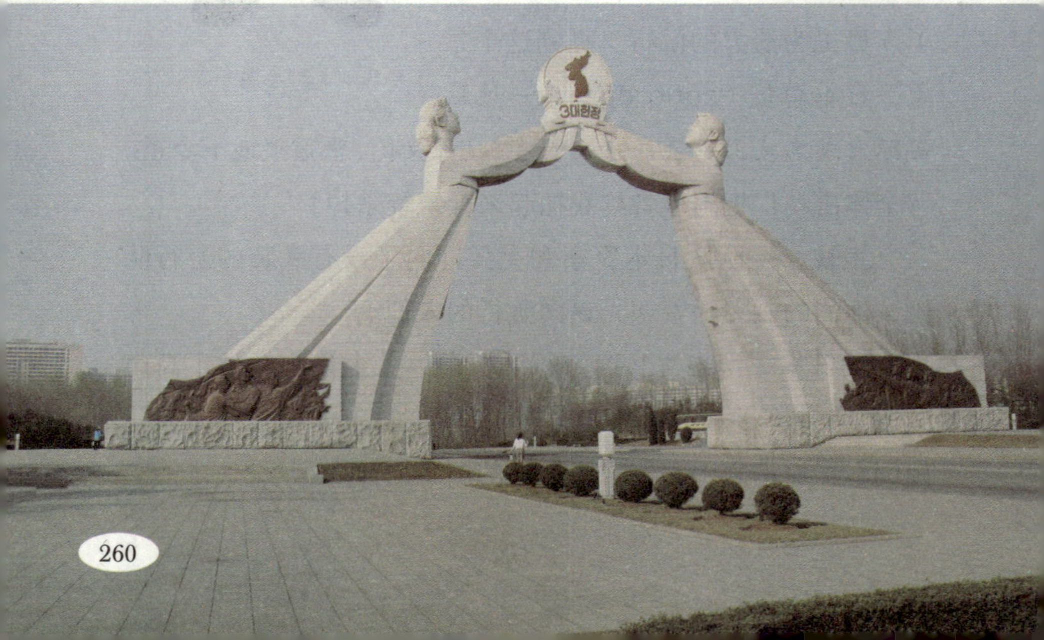

第十六章

新大陆的发现与殖民侵略

麦哲伦环球航行

古时候的人们认为，天是方的，地球是圆的。而麦哲却船队却坚信地球是圆的，所以他就开始了人类历史上伟大的环球航行，并且对后世航海和科学事业做出了伟大的贡献。

1480年，麦哲伦生于葡萄牙一个破落的骑士家庭。很早的时候，麦哲伦就坚信地球是圆的，他下定决心，一定要进行一次环球航行。1519年9月，在西班牙国王的支持下，麦哲伦率领一支由200多人、5艘船只组成的船队，从西班牙塞维利亚城的港口出发，开始了环球航行。

经过两个多月的海上漂泊，船队越过大西洋，来到巴西海岸。船队沿海岸向南继续航行，在第二年1月来到一个宽阔的大海湾。“海峡找到了！”海员们高兴地欢呼起来，以为已到达了美洲的南端，可以进入新大洋了。然而随着船队在海湾中前进，发现海水变成了淡水，原来此处只是一个宽广的河口，这就是今乌拉圭拉普拉塔河的出口处。

船队继续向南前进。南半球与北半球的季节刚好相反，3月的南美洲已临近冬季，风雪交加，航行极其困难。月底，航队来到圣胡安港，并在这里抛锚（pāo máo：投锚入水，使船或其他水上浮动工具泊定）过冬。

经过近5个月的休整，到了8月，又到了这个地区春暖花开的季节，麦哲伦又率领船队出发了。

两个月后，船队在南纬52度处又发现了一个入海口。这个海峡弯弯曲曲，忽窄忽宽，港汊（chà：河流的分汊）交错，波涛汹涌。麦哲伦率领船队在海峡中摸索前进。船队航行一个月后，终于走出海峡西口，见到了浩瀚的大海。

为了纪念麦哲伦这次探航的功绩，后人把这条海峡命名为“麦哲伦海峡”。

1521年3月初，在水尽粮绝、人人疲乏虚弱之际，航队来到富饶的马里亚纳群岛，受到当地居民的热情款待。3月底，船队来到菲律宾群岛。当仆人亨利用马来语与当地土著人对上话时，麦哲伦是多么激动啊！他的环球航行的梦想终于要实现了，他从西方向西航行，终于到达了东方，他以不可辩

位于庞塔竞技场的海洋纪念碑

驳的事实证明了地球的的确确是圆的。

为了征服这块盛产香料的富饶土地，麦哲伦在一次与当地部族的冲突中被杀害。最后，麦哲伦的助手带领船队越过马六甲海峡，经印度洋，过好望角，辗转 1 年多，终于在 1522 年 9 月回到西班牙。

麦哲伦和他的船员们花了整整 3 年的时间，终于完成了人类的第一次环球航行。麦哲伦虽然死去了，但是他对后世航海和科学事业所做的贡献，却是我们每一个人都不能忘记的。

麦哲伦海峡

麦哲伦海峡位于南美洲大陆最南端，由火地岛等岛屿围合而成。葡萄牙航海家麦哲伦于 1520 年首次通过该海峡进入太平洋，故得名。麦哲伦海峡蜿蜒曲折，长 563 千米，最窄处仅有 3.3 千米，而最宽处却有 32 千米左右。麦哲伦海峡是南大西洋与南太平洋之间最重要的天然航道，但由于长期恶劣的天气，加上海峡狭窄，所以船只很难航行。

哥伦布发现新大陆

经济发展需要原材料和大量的金钱，这些都促使人类想方设法地寻找财富，哥伦布就是在这样的大环境下开始他的航海之旅的。

15世纪，奥斯曼土耳其控制了西亚和地中海东部，只要是从这里输出的物品，都要交很重的税，这就导致西欧人从那里买的东西很贵，所以他们想寻找一条新航路，绕开西亚和地中海，到富裕的中国和印度去寻找黄金、白银。

很多探险家和航海家都为开辟（kāi pì：指打开通道；开拓扩展。开辟强调从无到有地打通、创建）新航路而努力着，意大利航海家哥伦布就是其中的一位。1492年，他在西班牙女王的支持下，组织舰队向西航行，他们有3艘大船，带着87名船员。中国和印度在东边，他们怎么向西边走呢？因为哥伦布坚信地球是圆的，一直向西走就一定能走到东方。他们在海上航行了两个多月后，

哥伦布雕像

还是什么也没发现，大家都绝望了。有很多人已经要放弃了，但哥伦布没有放弃。终于，他们看到了一片陆地。

哥伦布以为这就是印度，所以带领船员们上了岸，称那里的人为“印第安人”。只不过那里并没有他们想要的黄金和白银，只有大片的土地。他们在那里疯狂地掠夺（lüè duó：指凭借暴力抢劫、强取货物、抢夺财物），带着很多东西回到欧洲，包括烟草、红薯、玉米等多种农作物。他很自豪地告诉国王，他到达了印度，这个消息引起了很大的轰动。不过，因为他们没有带回黄金，国王很不高兴。

其实，哥伦布发现的那片陆地并不是印度，而是一片新大陆，但他自己到死也拒绝接受这个事实。后来，人们把那片大陆叫作“美洲”。

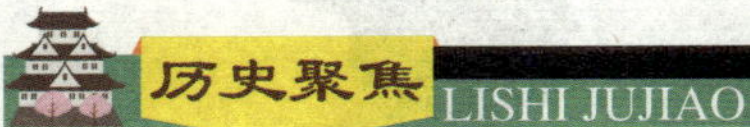

哥伦布远航的影响

哥伦布的远航是大航海时代的开端。新航路的开辟改变了世界历史的进程。当时，欧洲人口膨胀，有了这一发现，欧洲人就有了可以定居的新大陆，也有了促进欧洲经济发展的矿产资源和原材料。

哥伦布首次远航到美洲在农业史和医学史上也有重要的意义。哥伦布一行首次发现了美洲独有的重要农作物，如烟草、玉米、马铃薯等。

罪恶的三角奴隶贸易

什么是三角贸易？在16世纪的欧洲，商人们从欧洲出发，到非洲，再到美洲，最后回到欧洲，进行罪恶的奴隶贸易。

早在15世纪时，就有了贩卖（fàn mài：指买进货物后出卖）奴隶的罪恶交易。那时，葡萄牙人去非洲探险，抓捕一些黑人作为奴隶卖钱。后来开发新大陆时，当地人被殖民者大量杀害，劳动力紧缺。16世纪，葡萄牙殖民者占领了美洲大部分地区，为了发展经济，他们开始把一些黑人运送到美洲大陆。1513年，西班牙政府承认贩卖奴隶是合法的，这样一来，商人们更加猖狂（chāng kuáng：随心所欲，无所

奴隶纪念碑

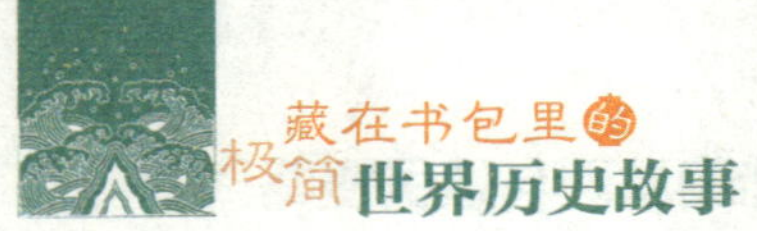

束缚）地把非洲的黑人贩卖到美洲去。后来，法国和英国的商人看到这个赚钱的方法不错，纷纷做起人贩子，进行罪恶的奴隶贸易。

17—18 世纪，欧洲人不断扩大殖民地，所需要的劳动力也越来越多，奴隶贸易的规模也随之不断增大，大部分走三角路线。欧洲的商人在船上装满钢铁、枪支、弹药等金属物品，还有一些非洲统治者喜欢的华贵商品，从欧洲出发先到非洲，用船上的东西来交换黑人奴隶。黑人十分便宜，一支枪可以换一个人，甚至两个玻璃珠也能换一个人，因此，船上很快就装满了奴隶。然后，船从非洲出发，开往物产丰富的美洲。到达美洲后，商人用这些奴隶换取棉花、烟草、蔗糖等生产

桑给巴尔岛上奴隶市场纪念

原料。交易完成后，商船返回欧洲，这就是三角贸易。

每次三角贸易大约需要半年时间，在这一过程中，奴隶贩子会赚很多钱，但他们的双手沾满了鲜血。由于船上运送的奴隶过多，卫生条件很差，给奴隶吃的东西也不好，很多奴隶生病或被活活闷死。由于怕互相传染，生病的奴隶往往会被直接扔进大海，真是惨无人道（cǎn wú rén dào：残酷到了没有一点儿人性的地步，形容凶恶残暴到了极点）。根据统计，在贩运途中会死掉一半以上的奴隶。

罪恶的奴隶贸易导致非洲人口急剧减少，同时也促使很多黑人向世界各地迁移。

惨无人道的奴隶贸易

在非洲的港口，很多奴隶被铁链锁着，扒去衣服，供人贩子挑选，就像挑选牲口一样。哪个被选中了，身体上就会被火红的烙铁烙上一个标志，然后被装上船。

贩奴船的舱板很低，还不到半米，奴隶们只得坐在船板上。奴隶贩子为了赚更多的钱，总是超额载运奴隶，奴隶们都蜷曲着身体挤在一起。船舱里很潮湿，人又那么多，因此空气污浊，卫生条件非常差，经常出现传染病。患病的奴隶往往被投入大海，活活淹死。如果途中遇到风暴等恶劣天气，航期延误，船上食物、淡水不够时，部分奴隶也会被残忍地扔进大海。

祖鲁战争

西方资本主义国家的原始积累伴随着侵略与屠杀、殖民地人民的血与泪，这个过程从始到终都离不开战争。其中受伤害最深的要数亚洲、非洲和拉丁美洲。其中，非洲的土著居民最为悲惨。

非洲大陆被欧洲人发现后，也没有逃脱沦为殖民地的遭遇。荷兰人在1652年入侵南非，把移民定居点建在开普敦，并以此为基地向外扩张殖民地。到了18世纪末，欧洲列强都侵入南非，导致南非的原始社会（yuán shǐ shè huì：人类历史发展的第一阶段，以血缘关系为基础，社会生产力水平低下）土崩瓦解，单个的部落在欧洲列强面前不能维护自己的利益。于是各个部落结成联盟。在领袖的带领下，南非的土著部落祖鲁人统一了3000多个部落，建立了祖鲁王国。

不仅南非土著居民与殖民者有不可调和的矛盾，就是殖民者之间，也会为了争夺殖民地而经常发生战争。荷兰人的后裔（hòu yì：后代子孙）布尔人就先后两次被英国人从开普敦赶走，使南非变为英国的殖民地。

布尔人进入祖鲁人的势力范围，在祖鲁人的土地上烧杀劫掠，抢占土地和财物，把祖鲁人变为奴隶。不堪压迫的祖鲁人开始奋起反抗，到1838年2月，祖鲁国王顺应民意，抓住并处死了300个布尔人。

布尔人当然不能忍受祖鲁人的反抗，于是开始向其他地方的殖民者求助。英国殖民军在布尔人的请求下，向布尔人提供支援。祖鲁人被彻底激怒了，他们采取各个击破的方针，把增援布尔人的部队都击败了。

不甘心失败的布尔人仔细分析了他们失败的原因。祖鲁人英勇善战，白刃格斗是他们的强项，只要殖民军和他们近身搏斗，肯定被打得落花流水。布尔人的军队领导人比勒托利乌斯决定扬长避短，把牛车围成一个圆圈，阻挡祖鲁人的进攻，拉开双方的距离，用火枪、火炮进攻祖鲁人。

1838 年 11 月 20 日，比勒托利乌斯把战场选在恩康姆河开阔的河套上，把枪炮手和两门火炮布置在 54 辆牛车围成的车阵内。无数的子弹雨点似的射向祖鲁人，手拿盾牌和长矛的祖鲁人并没有被吓倒，而是像海浪一样一波又一波地冲向布尔人的阵地，无数的祖鲁人倒了下去，鲜血染红了恩康姆河。最后，祖鲁人发动的两翼迂回战术也以失败告终。自此之后，祖鲁人不得不向布尔人割地求和。1843 年，英国殖民者打败

非洲传统的祖鲁蜂窝小屋

了布尔人，得到了祖鲁人的土地。

祖鲁人不愿意被殖民者压榨，强烈要求国家独立和争取民族尊严。塞奇瓦约在人民的支持下，通过政变成为祖鲁国国王。塞奇瓦约利用各种途径筹集资金，从欧洲列强那里购买军火，聘请军事专家训练军队。很快，祖鲁王国就有了自己的炮兵、骑兵部队，他们可以和殖民军抗衡了。

英国殖民者不能容忍祖鲁拥有一支与他们匹敌的军队，他们要求塞奇瓦约解散军队，但强硬的祖鲁王国国王拒绝了。

1879 年 1 月 11 日，切尔姆福德勋爵率领英国殖民军渡过图格拉河，进攻祖鲁王国。1 月 22 日，塞奇瓦约带领祖鲁军队与英国殖民军展开肉搏战，最终大获全胜。祖鲁军队趁势收复了大片土地。7 月 4 日，得到增援的英国殖民军选择在平坦开阔的马隆迪与祖鲁军队决战，祖鲁军队伤亡惨重。没过多长时间，祖鲁全境就被英军占领了，祖鲁王国国王被俘后被处死。

祖鲁国自此消失在了历史的长河中。

南非

位于非洲大陆的最南端，被称为“彩虹之国”。盛产黄金和钻石。现在的南非共和国是非洲的第二大经济体，人民生活水平较高，经济的稳定性居于非洲首位。

第十七章

俄罗斯的变革

俄罗斯帝国的创立者

近代俄罗斯的军事、经济、科技、教育、文化等的发展史都起源于彼得大帝，他可以说是俄罗斯历史上最优秀的皇帝。他的军事能力很强，通过战争，使俄国不断发展壮大并成为强大的帝国。

1682 年，作为俄国罗曼诺夫王朝的继承人，彼得才 10 岁就成为第四代沙皇，他就是彼得一世。但是，他的年龄太小，所以就由他同父异母的姐姐索菲娅代替他执政。1689 年，彼得一世亲政。他意识到，作为一个内陆国家，俄国急需拥有出海口进行大规模的对外贸易。

1695 年 1 月，彼得一世亲自带兵攻打奥斯曼土耳其，但最终失败了。正是这次战役让他下定决心训练海军，建立自己的舰队。1696 年春，彼得一世带领自己的海军再次攻打奥斯曼土耳其。这一次，他胜利攻陷了亚速城堡。但是，彼得还是没有打通出海口。

1697 年，彼得一世派一个使团到西欧各国考察，希望学到先进的技术，他自己也乔装成一个下士隐藏在使团中。此时，俄国那些反对彼得一世的人趁机发动叛乱，拥立索菲娅当沙皇。彼得一世得到消息后立刻赶回来平息了叛乱，还强迫索菲娅做修女。

接着，彼得一世开始了一系列的改革。在政府机构方面，他果断裁掉一些无能、混乱的政府机构，效仿瑞典的辖省制度，重新划分了国家行政区。

在经济方面，彼得一世积极开办工厂，鼓励工业发展；彼得一世还召集大批的农奴开凿运河，鼓励建设通商口岸，积极支持商业发展。

在科学文化及教育方面，彼得一世派遣了很多留学生到西欧各国学习先进的科学技术。为了培养人才，彼得一世积极开办各类学校。彼得一世建造了许多博物馆、俄国第一座图书馆和剧院，并亲自担任主编创办了俄国第一份报纸——《新闻报》。

在军事上，彼得一世一方面培养军事人才；另一方面大力兴办兵工厂，尽力改善武器装备。另外，在俄国实行兵役制，扩大了军队的规模。

在生活礼仪方面，彼得一世在贵族中强制推行西方习俗，

俄国皇帝彼得大帝雕像

禁止下跪礼，鼓励贵族们带着自己的妻子儿女参加舞会等社交活动。

经过一系列改革，俄国日渐富强。彼得一世决定继续争夺出海口。1700 年秋，彼得一世向瑞典进攻，但以失败告终。1709 年，彼得一世再次向瑞典进军，占领了尼恩尚茨·纳尔瓦——波罗的海的要塞。接着，彼得一世在叶尼萨利岛上修建了彼得保罗要塞。1712 年，彼得一世在荒岛上建立了新城市圣彼得堡，并把首都迁到这里。后来，俄国多次战胜瑞典。双方在 1721 年签订和约，里加湾、芬兰湾沿岸的土地归俄国所有，俄国终于在北方拥有了出海口。

由于彼得一世对俄国的杰出贡献，1712 年，俄国枢密院（shū mì yuàn：俄国最高军事机构）尊称彼得为俄罗斯的“祖国之父”和彼得大帝。

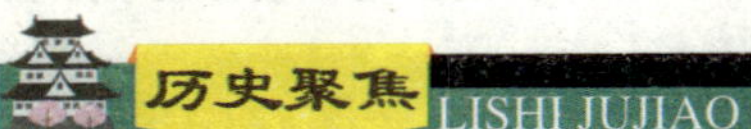
历史聚焦 LISHI JUJIAO

争夺波罗的海之战

1709 年 6 月 27 日，俄国和瑞典在波尔塔瓦展开了激烈的战斗。彼得一世不顾自己的安危，亲临前线指挥战斗。战争异常激烈，彼得一世的马鞍和帽子被枪弹击中了，但他依然坚持在前线指挥。这让俄国士兵非常感动，士气大增，他们奋力拼搏，终于击败了瑞典军队。瑞典国王查理十二世一路逃到奥斯曼土耳其。后来，俄国又多次打败瑞典。

俄国推行“开明”改革

到 17 世纪，俄国已经成为一个幅员辽阔的封建大国。然而，俄国的政治、经济、文化、制度仍然非常落后，资本主义经济发展缓慢，国家实力无法与西欧各国相比。彼得大帝执政后，通过向欧洲学习，以其超越同时代其他人的战略眼光，采取一系列的改革，使俄国成为一个强大的帝国。

近代的俄国是以莫斯科公国为中心，通过不断兼并邻国而逐步形成的。到 17 世纪中叶，俄国已是一个疆土辽阔的封建大国，但经济十分落后。农奴制度在俄国仍盛行不衰。手工工场虽然开始出现，但数量很少，而且工场内的主要劳动力是农奴；政治上实行沙皇专制制度，所有权力都集中在沙皇一人手中；文化教育更为落后，识字的人非常少，全国人民都笼罩在无知和愚昧之中。

1689 年开始掌握实权的彼得一世进行大刀阔斧的改革。

首先他在军事上进行了改革，1700 年废除了射击军，实行义务兵役制，另外他还在 1721 年开

彼得一世雕像

办了军事和技术学校来培养军事人才。接着他又对行政机构和宗教进行了改革，巩固了国家行政机构，加强了皇权。在兴办近代工业方面，彼得一世也下了很大功夫，在他的鼓励下，建成了许多炼铁、炼钢、采煤、纺织、造船等近代厂矿企业。彼得一世的改革是符合历史规律的，这是由改革前俄国国内的发展、各阶级矛盾的激化以及俄国国际处境日益艰难的状况所决定的。

彼得一世是一位杰出的军事统帅，他在军事学术方面富于创造和革新精神。他在位期间，俄国陆海军实行严整统一的编制，实行严格的纪律和军人守则；他十分重视陆海军的技术装备革新，制定了一套适合民族特点和俄军传统的部队训练体制。彼得一世的战略眼光远远超出了他所处的时代。为确保俄国边境的积极防御，他于18世纪初大力兴建堡垒、要塞和海军基地。他依据俄国的历史经验，保持和发

叶卡捷琳娜二世纪念碑

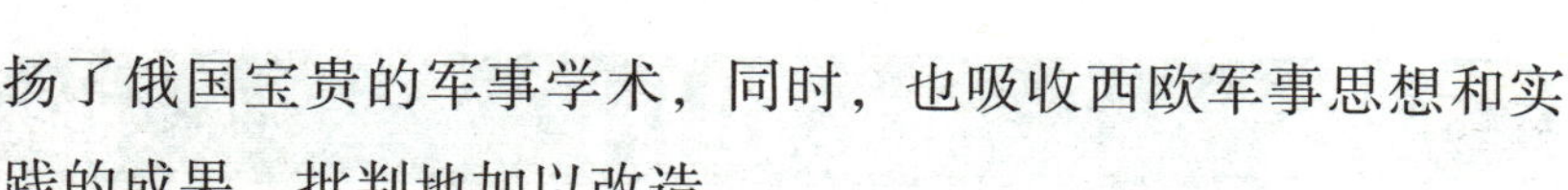

扬了俄国宝贵的军事学术，同时，也吸收西欧军事思想和实践的成果，批判地加以改造。

作为一位外交家，彼得一世深知俄国对外政策的任务。他善于利用形势，能够做出妥协（tuǒ xié：以独立为前提，以底线为原则的适当让步），又曾多次亲自出面谈判，缔结协定。1725 年 2 月 8 日，彼得一世在圣彼得堡去世。

到 18 世纪后期，俄国皇帝叶卡捷琳娜二世在经济上继续推行“开明”改革，在一定程度上为资本主义在俄国的发展创造了有利的条件。

农奴制

农奴制是封建社会中封建领主在其领地上建立起来的剥削奴役农奴的经济制度，又称封建领主制。少数封建领主或农奴主占有土地、山林、草原和河流等绝大部分生产资源，并部分占有农奴；农奴从农奴主手中分得一块份地，而作为代价，他们必须无偿耕种领主土地，服各种劳役，并上缴大部分劳动产品。农奴制的基本特征是农奴被束缚在土地上，不得不依附于农奴主。而农奴主则利用这种人身依附关系，对农奴实行超经济的强制剥削。

苏联建国

苏联于1922年建立，1991年解体，一共存在69年。1917年是苏维埃俄国的建立时间，后来才成立了苏联。一开始，苏联只有3个加盟共和国，后来发展到15个加盟共和国。其中，摩尔多瓦和波罗的海三国都是在“二战”时期苏占区的基础上成立的。

苏维埃社会主义共和国联盟，简称苏联，它是在俄国十月革命胜利的基础上建立起来的。

十月革命胜利以后，俄国各地区的被压迫民族纷纷建立起自己的民族国家和民族政权组织。从1917年底至1921年，乌克兰、白俄罗斯、立陶宛、拉脱维亚、爱沙尼亚、阿塞拜疆、亚美尼亚、格鲁吉亚等宣布成为独立的民族国家，建立了苏维埃政权。为了打破帝国主义的包围和封锁，尽快恢复被战争破坏的国民经济，进一步巩固和壮大无产阶级政权，联合各民族人民共同走上社会主义道路，各苏维埃共和国需要建立更加紧密的合作关系。

1922年8月，俄共（布）中央政治局成立专门委员会，由斯大林主持工作，负责讨论各苏维埃共和国联合的问题。9月，委员会通过了提出的《关于俄罗斯苏维埃联邦共和国同各独立苏维埃共和国的相互关系的决议草案》。

列宁严厉批评斯大林的“自治化”方案。他认为各苏维埃共和国必须保持平等的地位，联合成为新的民主联盟国家，从而建立平等的、民主的苏维埃社会主义共和国联盟国家。他坚持俄罗斯联邦、乌克兰、白俄罗斯、南高加索联邦必须按照自愿和平等的原则加入新的联邦制国家，建立新的全联盟中央机构。根据列宁的建议，委员会重新制定了联合决议草案，确认乌克兰、白俄罗斯、南高加索联邦共和国同俄罗斯联邦共和国必须缔结关于组成新的联邦制国家的条约，并选举新的全联盟中央执行委员会，作为统一联邦制国家的最高权力机关。

1922 年 12 月 30 日，苏联第一次苏维埃代表大会在莫斯科举行。大会宣告苏维埃社会主义共和国联盟正式成立。1924 年 1 月，苏联通过了第一部宪法，把苏维埃共和国联盟

斯大林雕像

的形式固定了下来。

1922年12月成立时，苏联由俄罗斯联邦、南高加索联邦、乌克兰、白俄罗斯四个苏维埃共和国组成。此后，1924—1940年，先后有15个加盟共和国加入苏联。苏联成为一个统一的、多民族的社会主义联邦制国家。

强极一时的苏联

苏联全称苏维埃社会主义共和国联盟，1922年12月30日，俄罗斯联邦、乌克兰、白俄罗斯、南高加索联邦组成苏维埃社会主义共和国联盟，后扩充至15个加盟共和国。苏联当时是世界上国土面积最大和人口排世界第三的国家。在二次世界大战后成为和美国并称的世界超级大国，军事实力与美国不相上下。在冷战情况下，因经济差距等原因，苏联逐渐衰落，并最终于1991年12月26日宣布解体。

第十八章

新兴的美国

莱克星顿的枪声

你知道为什么莱克星顿被称为“美国自由的摇篮”吗？原来在18世纪，北美大西洋沿岸的大部分地区是英国的殖民地。由于人民不堪忍受英国的残酷剥削，各地相继出现反英事件。而莱克星顿的民兵打响了反抗英国殖民统治的第一枪，自此，美国的独立战争开始了。

在哥伦布发现美洲后，西方各国相继入侵美洲建立殖民地。为了争夺殖民地和海上霸权，各国之间进行着激烈的争斗。到18世纪，英国在北美洲建立了13个殖民地，那里有多种工业，经济非常繁荣。

哥伦布雕像

为了弥补（mí bǔ：补偿，赔偿）在七年战争中的损失，英国加大了对殖民地的压榨和剥削。1705年，他们发明了一个新的税种——印花税，一切公文、执照、契约合同、报刊、单据、广告、遗嘱等，要想流通或生效，都必须贴上印花税票。这一举措彻底激怒了殖民地人民，各地经常发生反英事件。在斗争中，一些反英组织相继出现，比较著名的是“自由之子”和“通讯委员会”。

英国政府立刻派军队进行镇压。1770 年 3 月 5 日，波士顿爆发反英示威聚会，英军向手无寸铁的群众开枪射击，打死 5 人，打伤 6 人，这就是震惊北美的“波士顿惨案”。反英的怒火在殖民地人民的胸中熊熊燃烧。

莱克星顿战斗纪念碑

1775 年 4 月 18 日，波士顿附近的康科德镇上，有“通讯委员会”的一个秘密军用仓库。这个消息被报告给马萨诸塞总督兼驻军总司令盖奇，盖奇立即命令少校史密斯率 800 名英军前往搜查，部队连夜出发了。

但英军最终一无所获。

预感到情况不妙的史密斯，赶紧带领英军撤退。不过为时已晚，附近各村镇的民兵在得到消息后迅速赶到这里，把康科德团团围住。他们占据有利地形，埋伏在篱笆后面、房屋顶上、灌木丛中、街道拐角处向英军射击。最后还是从波士顿赶来的援军把他们救了回去。

这场战斗一直持续到黄昏，英军伤亡惨重，死伤有247人，而民兵仅仅牺牲了几十人。这一次战斗给予了英军强烈的一击，他们第一次尝到了殖民地人民铁拳的滋味儿。

莱克星顿的枪声惊醒了殖民地的人民，震动了北美的13个殖民地，反抗英国殖民统治的战火燃遍了北美大陆，美国独立战争从此开始。

独立战争胜利后，为了纪念莱克星顿的战斗，美国人民在村镇的中心铸造了一座纪念碑，碑座上是一个头戴草帽儿，手握步枪的民兵铜像。莱克星顿被称为“美国自由的摇篮”，成为美国独立自由的象征。

历史聚焦 LISHI JUJIAO

七年战争

七年战争发生在1754年至1763年，这场战争由欧洲列强之间的对抗所驱动。大英帝国与法兰西王国和西班牙帝国在贸易、殖民地方面相互竞争。同时，普鲁士王国这个日益崛起的强国与奥地利帝国正在神圣罗马帝国的体系内外争夺霸权。这次战争在欧洲以攻城战，对城镇的纵火，以及造成惨重损失的野战而著称。造成了约百万人死亡。

美西战争

在国际关系中，没有永远的朋友，也没有永远的敌人，所有的变化都源于国家的利益变化。美国在19世纪末之所以和西班牙开战，就是为了取代西班牙在古巴、菲律宾的地位，从而达到从古巴、菲律宾获得足够利益的目的。

19世纪末，美国进入帝国主义时期，经济实力和军事实力跃居世界前列。美国的垄断财团为了获取更大的利益，想从欧洲强国手中夺取殖民地，最后把目光放到日益没落的西班牙身上。此时的西班牙，国力日渐衰落，在战争中逐渐失去了大量的海外殖民地，只有亚洲的菲律宾、美洲的古巴和波多黎各还在西班牙手里。就是这些仅存的殖民地也不安生，菲律宾人民为了独立而发动了规模庞大的起义，起义军已经占领了菲律宾的大部分地区，还包围了菲律宾的首都马尼拉。古巴人民为了独立，已经在近30年中不断发动起义。1898年，戈麦斯领导的起义军已经解放了古巴的大部分土地，牵制了西班牙近20万的军队。

为了能取代西班牙在古巴的殖民统治，美国以保护侨民的名义，把“缅因号”军舰派往古巴的哈瓦那港。1898年2月15日，静静地漂浮在海港内的“缅因号”军舰突然发生大爆炸。美国政府迅速派人调查“缅因号”军舰爆炸的原因，并把爆炸的源头指向西班牙。这使美国的民众非常愤怒，报刊纷纷撰文要求美国政府向西班牙开战。美国政府通过驻西班牙公使向西班牙传递美国的要求，要求西班牙立即停止在古巴的战争，撤出在古巴的军队，并承认古巴独立。西班牙一直坚称“缅因号”军舰爆炸与西班牙无关，也无法满足美国的要求。4 月 22 日，美军封锁了古巴的港口。4 月 24 日，西班牙向美国宣战。4 月 25 日，美国向西班牙宣战。

美西之间的战争是同时在菲律宾和古巴展开的。4 月 30 日，停靠在香港的美国舰队向西班牙舰队发动攻击。经过几个小时的激战，西班牙舰队被全歼。随后，美军登陆，与菲律宾起义军一道包围马尼拉。在强大的军事压力下，西班牙军队投降。美军在终结西班牙在菲律宾的殖民统治的同时，宣布占领菲律宾，实行殖民统治。

1898 年，西班牙派出一支强大的舰队前往加勒比海地区

古巴圣地亚哥港

防守波多黎各。5 月 19 日，他们进入圣地亚哥港，美军紧随其后封锁了圣地亚哥港。美国海军要求已经登陆的陆军配合海军歼灭圣地亚哥港的西班牙舰队，但是，陆军希望先夺取圣地亚哥城导致美西双方的海军僵持不下。7 月 3 日，美军以极低的伤亡全歼西班牙舰队。16 日，弹尽粮绝的西班牙军队放弃圣地亚哥城，向美军投降。18 日，美军登陆波多黎各。西班牙向美国求和。

1898 年 12 月 10 日，美国和西班牙在法国巴黎签订和约，史称《巴黎和约》。和约规定，西班牙完全退出古巴，承认古巴独立。美国人用 2000 万美元获得西班牙的殖民地菲律宾、关岛、波多黎各。

自从取得美西战争的胜利，美国就开始正式进入争霸世界的行列，古巴沦为美国的保护国。

历史聚焦 LISHI JUJIAO

海军

海军是指能够在水面上、水下、空中作战的军种。通常由水面舰艇部队、海军陆战队、航空兵部队、潜艇部队、海军岸防部队和其他专业部队组成。作战武器通常有战术导弹、战略导弹、火炮、水中武器（鱼雷、水雷）等。

美国黑人解放运动

你可知道，如今和平安稳的生活需要靠多少次斗争才能换来？美国有着尤为严重的种族歧视问题。曾经有很长一段时间，黑人生活在白人压迫和奴役的阴影之下。

美国的种族歧视要从 1619 年说起，伴随着第一批黑人作为“低价的货品”被卖到美洲，黑人便开始遭受长久的杀伐和侮辱。从南北战争开始，万恶的奴隶制再也没有了，可是对黑人的不公平待遇也能消失吗？不会！一个秉持极端种族主义的组织出现了，它就是三 K 党。

在当时美国人只分为两种，一种是“高贵”的白人，另一种就是“卑微”的黑人。虽然法律的部分规定能够使不公平待遇有所缓解，但是根本无法彻底改变这样的现象，这使黑人非常伤心和失望。

1963 年 8 月 28 日，马丁·路德·金怀着无比激动的心情，在林肯纪念碑前做了一番振奋人心的演讲。他希望这个国家能有人人平等的觉悟，他梦想这个国家在评定一个人能力的时候，不再被肤色左右。人民的衣食起居、工作学习不再因为肤色的不同而受到不同的待遇。他向无数人呼吁：“反对种族歧视！”

他生于 1929 年，他的父亲是一位牧师。从小就爱学习的他成绩优异，有着很强的演讲能力。由他带头反抗种族歧视，

必定会吸引很多人参与。

反抗运动的导火索就是黑人妇女罗莎·帕克斯所遭受的不公平待遇。这一天，结束了一天辛勤劳动的她下班后乘公交车回家，因不给白人让座而被抓到警察局。警方要求她要么交罚款，要么蹲监狱。这位女士实在不能忍受这样的待遇，就告到法院，可是公司竟然把她辞退了。

生活在蒙哥马利市的黑人同胞们知道事情的真相后特别生气，他们开始维权。在众人的努力下，法院判决废除汽车隔离法，汽车公司这才取消这一制度。可是在胜利没有达成之前，黑人的维权运动是不会轻易停止的。

1957 年，黑人孩子入学的事件发生后，矛盾被加剧了。后来，美国联邦政府动用了大量的钱财和军力，才把当时的局面控制住。

在马丁·路德·金的带领下，黑人们采用了一种很冷静的示威形式。后来，马尔科姆·爱克斯和马丁·路德·金相继被杀害。这些事情

林肯雕像

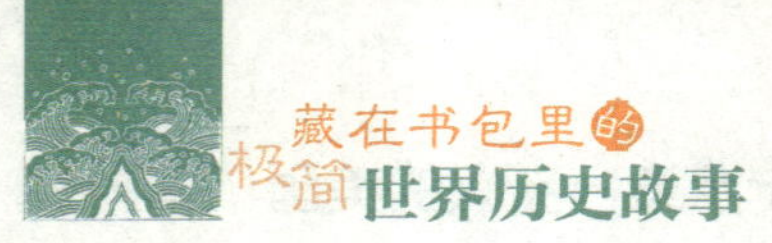

深深地触怒了黑人，他们反抗压迫和不公平待遇的情绪更加高涨了。得到平等对待是全世界人们对正义拥戴的结果，黑人的反抗之战最终取得了胜利。

历史聚焦 LISHI JUJIAO

废除美国奴隶制

南北战争爆发后的第二年，美国总统林肯发表了《解放黑奴宣言》，黑人奴隶终于重获自由了。1865 年 1 月，美国国会通过的《宪法第 13 条修正案》规定，奴隶制或强迫奴役制不得在合众国境内和管辖范围内存在。直到 1865 年的 12 月 18 日，此修正案终于生效，自此之后，美国再没有奴隶制。

林肯纪念碑

第十九章

亚非拉人民的反殖民斗争

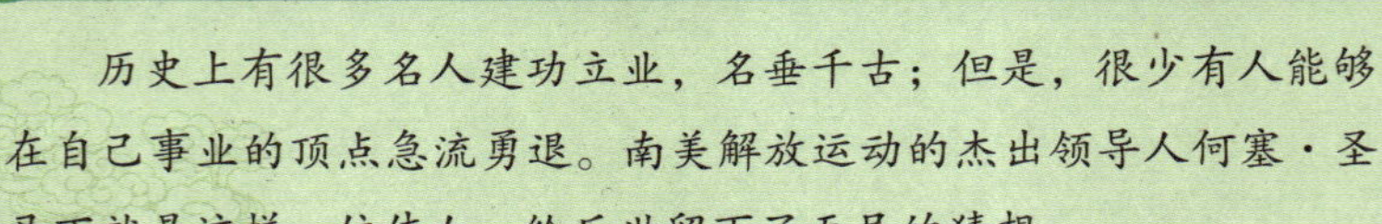

“万古不朽”圣马丁

历史上有很多名人建功立业，名垂千古；但是，很少有人能够在自己事业的顶点急流勇退。南美解放运动的杰出领导人何塞·圣马丁就是这样一位伟人，给后世留下了无尽的猜想。

何塞·圣马丁出生于现在阿根廷的亚佩尤，当时那里是西班牙的殖民地。他的父亲是西班牙皇家陆军军官，担任亚佩尤的副总督。圣马丁青少年时期在马德里求学，博览群书，尤其喜欢读伏尔泰、狄德罗、孟德斯鸠、霍尔巴赫、卢梭等启蒙思想家的著作，卢梭的《社会契约论》对他的影响巨大。

何塞·圣马丁半身雕像

1789年7月，圣马丁参军，成为西班牙穆尔西亚步兵团的一名士官生。之后，他随军队屡次参加战争。这些战争经历给他带来了丰富的经验和卓越的军功，他被提升为少校。后来，他经常与在西班牙留学的拉丁美洲进步人士接触，受这些人士的影响，圣马丁加入了秘密革命组织“劳塔罗”。

1810年，圣马丁的家乡拉普拉塔爆发了“五月革命”，南美洲的独立运动开始了。圣马丁迅速回到家乡，投身到推翻殖民统治的民族解放运动中。很快，他就被任命为北方军司令，带领军队多次打退殖民军的进攻，保卫了革命果实。圣马丁在1814年辞去北方军司令的职务，担任库约省省长。在那里，他用两年的时间组建并训练了一支约5000人的安第斯山解放军，成员主要是被解放的黑奴和当地的混血种人。1817年1月，圣马丁带领安第斯山解放军穿过安第斯山，很快就击败了西班牙殖民军，解放了整个智利。1818年4月，圣马丁指挥军队在迈普战役中彻底击溃西班牙殖民军，巩固了智利的独立。

西蒙·玻利瓦尔半身雕像

在智利独立后，圣马丁以智利为基地，组建并训练了“解放秘鲁军”。1820年8月，圣马丁率领舰队从海上返回秘鲁。秘鲁是西班牙在海外最坚固的殖民地，驻扎在那里的西班牙殖民军与圣马丁领导的军队进行了激烈的交锋，最后溃逃到东部山区。秘鲁的首都利马被圣马丁解放。1821年7月28日，秘鲁宣告独立，圣马丁被推举为“护国公”，担任阿根廷北方军总司令。

为了尽快解放南美洲，圣马丁决定与南美洲北部著名的革命领导者西蒙·玻利瓦尔联合起来。但是，事实上，他们在政见上存在很大的分歧。

后来，圣马丁在人们的惊奇和不解中辞去了“护国公”和阿根廷北方军司令的职务，只担任了一个偏僻省份的省长。在那里，他组织和训练了新兵，然后抓住机会进军智利，解放了智利全部地区。然后，他带领联合部队进入秘鲁，完全消灭了在秘鲁的西班牙殖民军。

正当人们热烈地庆祝胜利，歌颂圣马丁的伟大功勋时，圣马丁坚定地辞去所有职务，悄悄地来到法国定居，并于1850年8月17日病逝于法国的布洛涅城。

圣马丁被阿根廷人尊称为“国父”，秘鲁和智利则尊称他为“自由的缔造者”。

西班牙美洲殖民地

哥伦布“发现”美洲大陆后，西班牙人发现美洲的原住民无法抵抗欧洲人的武装侵略，就先后在美洲沿岸和加勒比海岸建立了大量的殖民地。西班牙人对他们的殖民地原住民非常残酷，经常屠杀他们。后来，为了补充劳动力，西班牙人又从非洲购买了大量的黑人奴隶。

“解放者”玻利瓦尔

南美洲北部地区反抗西班牙殖民统治的胜利离不开西蒙·玻利瓦尔。为了纪念他的卓越功勋，人们尊称他为“美洲解放者”“委内瑞拉国父”，他的思想至今仍影响着南美洲北部地区的政治。

1783 年 7 月 24 日，在委内瑞拉的加拉加斯城里一户具有西班牙血统的贵族家庭里，一个小男孩儿降生了，他就是西蒙·玻利瓦尔。在他 3 岁那年，他的父亲不幸去世了，到了 6 岁那一年，由于悲伤过度，他的母亲也撒手人寰。年幼的玻利瓦尔和他的姐妹成为孤儿，寄宿在几个舅舅家。他的几个舅舅为了争夺他们的抚养权，长期打官司。玻利瓦尔从小就被送到了军事学校。后来，他认识了老师西蒙·罗德里格斯，在他的引导下读了很多启蒙思想家的书，进步的共和思想在他的脑海里生根发芽。

青年时期的玻利瓦尔利用家中的资产到西班牙、法国、美国游历，立志为解放委内瑞拉而奋斗。1808 年，拿破仑率军攻占西班牙，西班牙王室的权力被架空，这为委内瑞拉摆脱西班牙的殖民统治创造了难得的机会。1810 年，委内瑞拉的总督被西班牙解职，开始领导人民进行独立自主的革命运动。很快，委内瑞拉第一共和国成立，玻利瓦尔成为执政委员会成员。1812 年 3 月，加拉加斯发生地震，西班牙殖民军趁机发动反攻。7 月，委内瑞拉第一共和国的首脑迫于压力而投降，第一共和国灭亡，玻利瓦尔也被迫逃亡海外。12 月

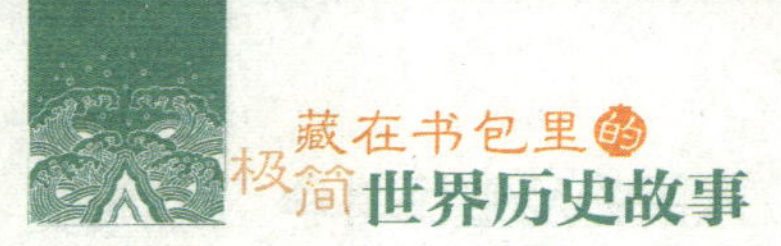

15 日，玻利瓦尔发表《卡塔赫纳宣言》，他总结了委内瑞拉第一共和国的经验和失败的教训，提出了解放委内瑞拉的战略构想，鼓励人民为了争取独立而不懈奋斗。

1812 年 12 月，玻利瓦尔带领军队赶走马格达莱纳河畔的西班牙殖民军，他也由这次军功得到了大哥伦比亚军队的指挥权。

1813 年，他发表了著名的《决战宣言》。10 月，加拉加斯市政会成立，玻利瓦尔被授予“解放者”称号，成为委内瑞拉的军事统帅。委内瑞拉第二共和国成立。

在他之后与西班牙殖民军的多次战斗中，双方互有胜负。1814 年，拿破仑政权垮台，西班牙皇室有了更多的精力来对付殖民地人民的反抗，实力大增的西班牙殖民军很快就重新

西蒙·玻利瓦尔雕像

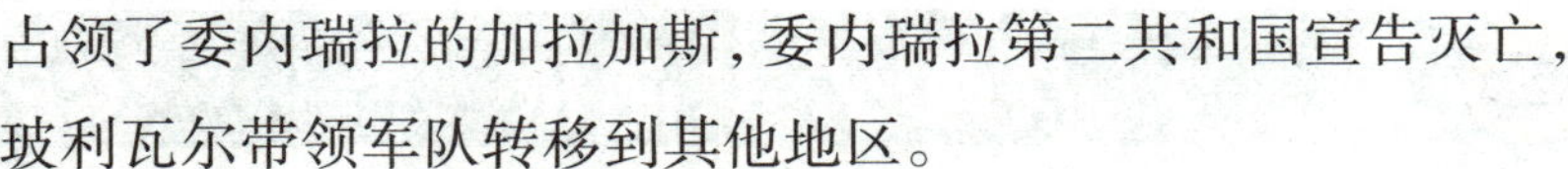

占领了委内瑞拉的加拉加斯，委内瑞拉第二共和国宣告灭亡，玻利瓦尔带领军队转移到其他地区。

之后的三年，玻利瓦尔不断流亡到各地区，担任过一些南美洲地区的军事统帅，并取得了赫赫战功。玻利瓦尔一直没有放弃解放委内瑞拉的梦想和行动。

1817 年，玻利瓦尔带领军队向西班牙军队发动进攻。1819 年 2 月，在玻利瓦尔的主持下，国会第一次会议召开，委内瑞拉第三共和国正式成立。玻利瓦尔成为共和国的总统。

国会闭幕后，玻利瓦尔率军解放了新格拉纳达地区。接着，他率军挥师委内瑞拉，盘踞在那里的西班牙残余军队没有进行什么有效的抵抗就撤退了，委内瑞拉全境再也没有西班牙军队了。1821 年，玻利瓦尔决定进军厄瓜多尔，赶走西班牙殖民军。之后，通过与圣马丁的秘密会谈，他成为南美洲的军事统帅，指挥军队解放了秘鲁全境和玻利维亚，成功地把西班牙军队赶出了南美洲地区。

历史聚焦 LISHI JUJIAO

罪恶的黑奴贸易

欧洲殖民者抓获非洲的黑人后，把他们装到密闭的船里，在大海上漂泊很长的时间到达美洲，让他们从事农业种植和生产。在海上，黑人没有生活和医疗保障，大约十个黑人奴隶中，才有一个奴隶能活着到达美洲。因此人们称它为“罪恶的黑奴贸易”。

章西女王葩依

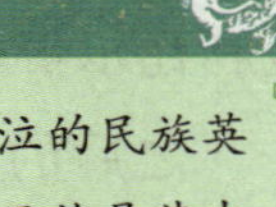

在世界反抗殖民统治的历史上，出现了许多可歌可泣的民族英雄。我们知道有一句话叫作“巾帼不让须眉”，章西女王就是其中的佼佼者。

1835年，阿克希米·葩依出生在印度的贝拿勒斯。在她17岁时，她与章西王公甘加达尔·拉奥结婚，成为章西王后。几年后，章西王公甘加达尔·拉奥就去世了。此时，葩依的儿子还没有出生（后来出生不久就死去了）。按照英国定的规矩，如果王公死后没有儿子继承王位，那么他的领地就会被收回。为了不失去领地，葩依收养了一个儿子，并以监护人的身份行使王公的权力。

英国殖民者不承认葩依的做法，强行兼并章西。葩依更是强硬地找到英国殖民者，向其表达自己的抗议。章西人民也不愿意章西沦为英国的殖民地，全力支持葩依，愿意与她一起和英国殖民者斗争到底。

1857年，印度人民不堪忍受英国殖民者的压迫，发动了反英大起义。章西女王葩依也领导章西人民投入到这场反英的斗争中。6月4日，英军的军火库被章西起义军攻占，英军的指挥官也被击毙了，章西又回到了女王葩依的统治下。7月8日，葩依接受英军的投降，重新登上王位。重登王位的葩依继续带领章西起义军南征北战，和印度人民一起进行反抗英军的斗争，动摇了英国的殖民统治。

1857 年 9 月，英军攻陷德里。经过短暂的休整，英军扑向章西，但女王葩依并没有害怕，双方进行了激烈的战斗。在炮火的攻击下，双方的伤亡都很惨重。章西在女王的带领下，进行了顽强的抵抗，最后寡不敌众。葩依只得率众突围，章西再次落在英军的手里。

章西女王葩依带领军队离开章西后来到瓜辽尔，和托比的军队合兵一处对抗英军。罗斯不想给起义军一丝的休整时间，立马率军来到瓜辽尔，想一口气消灭起义军。为了抵抗英军的进攻，章西女王葩依负责瓜辽尔东门的防御。

6 月 18 日，英军决定展开总攻。一波又一波的敌人在炮

相传这是佛陀在印度贝拿勒斯附近第一次布道的地方

火的掩护下向瓜辽尔城冲来，一次又一次地被起义军打败，像潮水一样退去。身着男装的葩依和往常没有什么区别，带领大家抵御英军的进攻，多次带领骑兵冲出城门和英军厮杀在一起，在大批英军形成包围之前返回城内。两军交战，刀剑无眼，由于敌人太多了，混战中，女王不幸被击中，从马上摔了下来。她的随从拼死把她从战场上抬了回来，由于伤势过重，失血过多，女王葩依停止了呼吸，这时的她才不过22岁。

女王去世后，起义军很快就被英军打败了。但女王不屈不挠进行斗争的精神激励着印度人民不断反抗英国的殖民统治。

印度的殖民时期

葡萄牙是最早在印度建立殖民据点的国家。后来，荷兰人打败葡萄牙人，成为印度最大的殖民者。到了18世纪，英国人和法国人成为印度最大的殖民势力。经过双方的斗争，英国人把法国人排挤得在印度只剩下几个小据点，英国人成为印度最大的殖民者。第二次世界大战后，英国的国家实力急剧下降，无力维持在印度的殖民统治。1947年，英国颁布了《蒙巴顿方案》，实行印巴分治。

阿富汗独立战争

1919 年 2 月 28 日，青年阿富汗党的拥护者阿曼努拉登上王位，在加冕典礼时，他声明："从现在起，阿富汗是一个自由独立的国家，它不承认任何外国的统治权。"也正是这位年轻的国王带领阿富汗人民开始了抗英的战争，并最终使得阿富汗走向了独立。

直到 1919 年，阿富汗还是一个半殖民地半封建国家，是英帝国主义的势力范围。第一次世界大战前后，青年阿富汗党人在穆罕默德·塔尔吉（1863—1933）的领导下，重新活跃起来。

1919 年，塔尔吉创办《光明报》，提倡科学和民主，宣传现代工业和教育的重要性，批评伊斯兰教的陈规陋俗和封

阿富汗位于赫拉特省的贾玛清真寺

建王室的腐败昏庸，主张完全摆脱英国对阿富汗的控制。

1919 年 2 月 20 日，哈比布拉国王在贾拉拉巴德的狩猎行宫遇刺身亡。在青年阿富汗党人的支持下，哈比布拉的第三个儿子阿曼努拉于 2 月 28 日在喀布尔正式宣布继位。

他宣布："从现在起，阿富汗是一个独立自由的国家，它不承认任何外国的统治权。"他要求英国承认阿富汗的"主权完整、行动自由和完全独立"，但是，英国顽固地拒绝了阿富汗的正当要求。

1919 年 5 月 3 日，英军向开伯尔山口的阿富汗边防军发动进攻。5 月 7 日，阿曼努拉政府颁布动员令，向英国宣战，阿富汗抗英独立战争正式开始。战争在瓦西里斯坦和开伯尔

阿富汗喀布尔大皇宫

山口激烈进行，阿富汗军民英勇战斗。在阿富汗军民的打击下，加上苏俄对阿富汗独立的承认和出于道义上的声援（shēng yuán：公开发表言论表示支持），以及印度革命运动正在高涨，英帝国主义最终被迫同意停战谈判。

1919 年 6 月 3 日，双方签署停战协定。8 月 8 日，双方在白沙瓦签订了暂订和约，英国承认阿富汗在内政和外交上是“自由的主权国家”。经过两年多的谈判斗争，1921 年 10 月 22 日，英阿缔结了最后和约，英国正式承认阿富汗的完全独立。阿富汗抗英独立战争取得了胜利。

历史聚焦 LISHI JUJIAO

阿曼努拉

阿曼努拉，生于 1892 年，卒于 1960 年 4 月 25 日。他于 1919 年成为阿富汗国王，曾领导第三次阿富汗抗英战争。1928—1929 年，阿富汗国内发生了英帝国主义支持的反政府暴动。1929 年 1 月，被逼无奈的阿曼努拉宣布退位。1929 年 6 月 22 日他乘船前往欧洲，开始了近三十年的流亡生活。1960 年 4 月 25 日，68 岁的阿曼努拉在瑞士苏黎世逝世。

越南战争

越南人民历经数年的抗战生涯，终于在赶走法国签订《日内瓦协议》后获得了民族独立，而胜利离不开领军英雄胡志明的努力。

越南是我国西南方向的邻国。

越南是一个好地方，特别适合旅游玩耍，所以世界上特别多的人喜欢去越南。原本越南人的生活可以非常安稳，但是从公元 10 世纪开始，除中国外的许多国家想侵占越南，战争便一直伴随着他们。

在阮氏王朝治理越南的时候，拿破仑三世对越南展开了攻击，最后，越南失去了南部的很大一块国土。

1897 年的越南，国家的统治权再次被法国干涉。当时的法国总督杜梅甚至想将越南占为己有，可是越南人怎么会同意呢？他们奋力反抗，可是最后失败了。

一个原名叫阮爱国的人出现在这个混乱的年代，他是越南人心中的偶像，此人就是胡志明。

越南是一个多灾多难的民族，法国人霸占他们的土地，剥夺他们的统治权，连日本也开始攻击他们。

终于，二战之后，日本因战争失败而把越南的统治权归还给了越南人。1945 年 9 月 2 日，这个民族终于有了真正属于自己的家园。胡志明用慷慨激昂的声音读《独立宣言》的时候，越南人欢呼了起来！

遗憾的是，当时胡志明的领袖地位并未得到全世界普遍的认可，越南人渴望的国泰民安的生活能否真正实现呢？

终于，越南的抗法战争还是开始了……

1945 年 9 月 23 日，法国开始攻打越南的西贡市（今胡志明市）。可这次他们遇到了胡志明这个劲敌，他带领了一批爱国人士誓死保卫国家。胡志明团结所有的力量，善用智谋对抗敌人。虽然初期胡志明领导的反抗斗争总是受挫，但是后期形势突变，每次都是以胜利告终。

那时的法军并不好对付。为了自我保护，聪明的越南人同意了法军提出的两次协议。都说团结就是力量，越南人抱成一团共同对抗敌人，终于他们在 1947 年 10 月的越北战役

胡志明雕像

中得胜而归。我国是一个充满正义感的国家，不仅支持胡志明的领袖位置，更是在军事方面给予了越南最大的帮助。

虽然有美国作为靠山，但法国攻打越南毕竟是侵略战争，就连法国的士兵都开始有了抵触情绪，他们不想做邪恶的士兵。最后，在胡志明的带领下，饱受战争之苦的越南人一鼓作气（yī gǔ zuò qì：比喻趁劲头大的时候鼓起干劲儿，一口气把工作做完），战无不胜。法军实在扛不住了，在 1954 年 5 月 7 日投降了。越南终于成为最后的赢家，得到了本该属于自己的一切。人们都在为越南的独立而欢呼雀跃，战争也终于告一段落了。

胡志明

胡志明是越南民主共和国的缔造者，越南劳动党第一任主席，无产阶级革命家。越南劳动党中央委员会主席；越南共产党的卓越领导人，伟大的无产阶级革命家，杰出的马克思主义者。

第二十章

席卷全球的两次世界大战

德俄“坦能堡战役”

无论做什么，最怕的就是合作双方不能坦诚相待，一旦出现不配合的情况，也就无限接近失败了。战争中则指尤其需要兄弟部队无间隙地合作，若配合出现些许问题，就会导致战场上的失败。

早在第一次世界大战之前，法国和俄国就结成同盟对抗德国，后来英国也加入这个同盟中。为了有效地牵制德国，英国、法国、俄国共同制订了军事计划，并根据实际情况做了多次修改。1914 年 8 月 1 日，德国向俄国宣战，8 月 3 日，德国向法国宣战。不过，德国始终认为自己的头号劲敌是法国，只要打败了法国，那么对付俄国几乎不会遇到什么麻烦。因此，德国把自己的主要兵力都集中在西线与法国作战，在东线只留了一个集团军防备俄国的进攻。很快，法国就处于崩溃的边缘了，不断催促俄国派兵在东线进攻德国。

8 月中旬，俄国集结了两个集团军，由参谋总长吉林斯基将军任总指挥，萨松诺夫和莱宁堪普分别带领一个集团军向东普鲁士进攻。德军没有想到俄国能在这么短的时间内发动进攻，在毫无防备之下，只好向西撤退。

也许是胜利来得太轻松，俄军很快就心生傲气，不把德国人放在眼里。而早就有嫌隙的萨松诺夫和莱宁堪普开始分别带领自己的集团军各行其是，不再配合。粮食、弹药、物资开始缺乏，士兵们饥寒交迫，斗志全失。更为严重的是，两个集团军中间出现了长达100千米的真空地带。

德军虽然向西撤退了，但是没有什么大的损失，且一直在关注、收集俄军的情报。德军的高级参谋马克斯·霍夫曼上校了解到俄军的两个集团军不和、各自为战的情况后，建议埃里希·鲁登道夫将军集中优势兵力对俄军各个击破。鲁登道夫将军同意了这个建议，经过研究，他们把目标定为萨松诺夫率领的第二集团军。

鲁登道夫将军用一个师的兵力牵制莱宁堪普率领的第一集团军，并调动其他的兵力，把他们布置到萨松诺夫率领的第二集团军两侧。

等一切准备好后，德军的一小股部队就被俄军发现了。

第一次世界大战英雄纪念碑

和往常一样，双方刚一接触，德军就溃不成军，仓皇逃跑。萨松诺夫错误地判断德军已经全线崩溃，想要根据这一小股部队找出德军的集合地点，从而一举歼灭德军。因此，萨松诺夫命令第二集团军全力追击这一小股德军。

已经缺衣少粮的俄军追击了一天后，全都疲惫不堪，而被追击的那一股德军也失去了踪迹。萨松诺夫感觉不对劲儿，知道上了德军的当，可是为时已晚，顷刻之间，十几万俄军就土崩瓦解了，第二集团军消失在了战场上。萨松诺夫感觉无颜面对俄军的将士，在战场上自杀殉职了。

霍夫曼上校在这场战役中居功甚伟，被提升为少将，担任德军东线的总参谋长。在他的提议下，这场战役被称为“坦能堡战役”。

历史聚焦 LISHI JUJIAO

马恩河战役

1914年8月，英法联军被德军击败，只好退到马恩河以南，重新进行部署，打算在那里进行反击。9月5日，德军与英法联军相遇。双方展开激战，感觉到危险的德军撤退到马恩河北岸。6日，英法联军对德军进行穿插包围。10日，损失惨重的德军撤退到努瓦永至凡尔登一线。德军在这次战役中最终失败。英法联军把战线向前推进了60千米，但损失了25万人。

英德海上大决战

19 世纪末，德国正在崛起，而英国正在没落。作为当时全球主导力量的英国并没有将新兴的德国成功纳入国际体系，最终的结果是两次世界大战的爆发。而这两个强大的国家势均力敌，它们之间爆发了一场场激烈的战争。

一战时，德国和英国都是主要的参战国家，而且是敌对势力，它们彼此都想消灭对方的海军主力，控制海上通道。德国率先派军，让德国公海舰队司令舍尔海军上将带领舰队到海上与英军决战。

1916 年 5 月 30 日，以“吕佐号”为首的德国战列巡洋舰沿着日德兰海岸向北海航行，并在途中不断向德军军港报告自己的位置和航线，而这些信号很快便被英军截获，还被送到了英国海军司令利科克手里。

杰利科思考了一会儿，果断地做出决定：开战！他让贝蒂中将率领一支较弱的舰队迎战德舰，自己则率主力舰队跟在后面等待机会。很快，贝蒂出发了，杰利科准备按照自己的计划摧毁德军。

一路上，“吕佐号”频繁发报，看似在给自己的部队传递信息，而实际目的则是向英军“报信”，以便引诱它们的主力向海面上驶来。

5 月 31 日下午 2 时左右，两支舰队终于碰面了！大战马上开始了。双方你一炮，我一炮对轰起来。

战况十分激烈，轰隆隆的炮火声震荡在海面上，远处藏匿着的德英海军主力都能够听到这激烈的炮火声。杰利科和舍尔都十分激动，以为自己的计谋已经得逞，便下令所有的舰只全速前进，尽快吃掉对方，从而获得这场海战的胜利。

很快，英国主力舰队赶到了。他率领的 24 艘战列舰马上排成了一条长长的作战单行。就在之前，舍尔还只顾猛追，当他发现英国舰队时，双方的舰队已经形成“T”字作战阵势，十分不利于德军——因为英舰能够使用所有大炮轰击，但是德舰只能用舰首炮，后面的舰队因为距离太远不能射击，而丧失了战斗力。

伦敦卫兵纪念馆，是为了纪念第一次世界大战

看到这个场景，英国人马上抓住机会，他们开始炮火齐发，唯恐丧失掉这个千载难逢的机会。一阵隆隆声响过，德国的3艘军舰遭到重创，缓缓地沉入海底，而德军只能眼睁睁地看着，没有丝毫办法。

眼看战况不佳，舍尔当机立断，下令舰队掉转船头在薄雾中仓皇逃跑了。此战双方都有一定的损失，但是都主力尚存，德国人想控制海上通道的愿望没能实现。

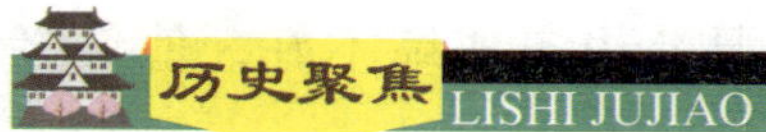

“一战”时期的大海战

日德兰海战是第一次世界大战期间爆发的最大规模的海战，是英德双方在丹麦日德兰半岛附近北海海域进行的一场海战。最终，舍尔海军上将率领的德国公海舰队以相对较少吨位的舰只损失击沉了更多的英国舰只，从而取得了战术上的胜利。杰立克海军上将指挥的皇家海军本土舰队成功地将德国海军封锁在了德国港口，使得后者在战争后期几乎毫无作为，从而取得了战略上的胜利。

希特勒的故事

希特勒创立了纳粹党（德国国家社会主义工人党，又译为德国民族社会主义工人党，简称纳粹党），虽然他带领德国经济走向光明，但是他发动的二战使世界人民再次经历了战争之苦。

阿道夫·希特勒生于1889年，他的父母都是普通百姓，生活在德奥边境的勃劳瑙镇上。希特勒从小就喜欢画画，并梦想长大后能成为一位画家。可是，由于成绩不好，他最终没有考入理想的学校。

父母离世之后，希特勒的生活过得十分贫苦。为了生活，他不得不干各种杂活儿。

而在1913年，他的生活发生了变化。希特勒来到慕尼黑，在一战爆发后参加了巴伐利亚步兵团，并在1917年经过层层提拔，成为政治部侦探。

1919年9月，得益于一番精彩的演讲，希特勒成功地引起了大众的支持和重视，并顺利加入“德国工人党”。

由于初中时期掌握的知识丰富，希特勒对德国历史倒背如流，再加上他天生就善于演讲，有极强的号召力。因此，他顺利地得到了工人党的领导权，使队伍不断壮大。

1920年2月，希特勒提出好多口号，诸如“社会主义”“工人分享企业利润”等。他巧舌如簧，又擅长欺骗群众，很轻松地欺骗了越来越多的工人群众加入他的组织——“纳粹”党。

1921 年 7 月的一天，希特勒凭借“领袖原则”成功成为纳粹元首。他带领一批“冲锋队”密谋发动政变。这些人都是退伍军人，他们身穿褐色衬衫，带有“卐”标志。

1923 年 11 月 8 日，希特勒带领“冲锋队”包围了慕尼黑的一家啤酒馆，并声称政府已被推翻，临时政府已成功掌权。

政府对希特勒早有防备之心，所以第一时间就镇压了“冲锋队”的政变，60 名纳粹党成员被击毙，希特勒被当场吓跑。

几天过后，政府抓获了包括希特勒在内的几名叛乱头目。这次“政变”虽然没有成功，但让希特勒名声大噪（míng shēng dà zào：*名声广泛地传播开去*）。

保罗·约瑟夫·戈培尔·钱塞勒，布隆伯格将军的沃纳·爱德华·弗里茨，帝国防卫部长，埃里希·阿尔伯特·拉德尔海军局长阿道夫·希特勒

入狱的经历并没有让希特勒有丝毫的收敛，反倒让他更加狂妄，他不仅口述《我的奋斗》，还叫嚣着要扩大势力。他的思想受到民众的疯狂追捧，吸引了越来越多市民、学生、工人、农民的加入，以至于一年时间内，纳粹党徒竟从 17 万猛增到了 38 万。

在那个刚刚爆发经济危机的资本主义社会，希特勒的法西斯独裁思想深得民心。1932 年，希特勒竟然在选举获得了 1300 万选票。

纳粹党如火如荼（rú huǒ rú tú：原形容军容之盛。现用来形容旺盛、热烈或激烈）地发展，队伍庞大到无法想象的地步，就连德国统治阶级也敬奉希特勒。后来，工业资本家和银行巨头联名上书，德国总统兴登堡任命希特勒为总理。1933 年 1 月，希特勒成功上台。这就是纳粹第三帝国，也是德国人民战争噩梦的开始。

历史聚焦 LISHI JUJIAO

保罗·冯·兴登堡

他出生在德国波兹南军官家庭中，参加过普奥战争和普法战争，1903 年晋升成为上将。一战开始以后，因大胜俄国军队而被晋升为陆军元帅，后自 1925 年起开始担任德国总统。

第一颗原子弹

1945 年 7 月 16 日，美国在新墨西哥州阿拉莫戈多空军基地试爆了第一颗原子弹，这颗原子弹的威力相当于 2 万吨黄色炸药。爆炸发生后，在半径 16 千米范围内，所有的生命都已消失，连沙石也全变成了黄绿色的玻璃状物质。

1939 年 8 月，忧心忡忡（yōu xīn chōng chōng：形容心事重重，非常忧愁）的著名科学家爱因斯坦给罗斯福总统写了一封信。

爱因斯坦

罗斯福总统认真地看完了这封信，然后默默地合上了它，陷入沉默之中。这封信是关于原子弹的诸多问题。他有些犹疑不定，因为这件事非同小可，毕竟谁也没见过原子弹，谁也不能百分百确定它会被制造出来啊！在思考很久之后，罗斯福总统召来了科学顾问萨克斯，并询问对方的意见。在经过一周的思考和研究之后，罗斯福终于下定决心。10月19日，他下达了指令——一个代号为“S-11”的特别委员会被建立起来，这个委员会专门负责进行核试验研究。

罗伯特·奥本海默曼哈顿计划的领导者

1942年8月，一次重要的会议召开了，参会人员包括美国陆军工程兵团建筑部副主任格罗夫斯将军、主持“S—11”特别委员会的科学家以及高级管理人员。在这个会议上，

他们制订了一个名叫“曼哈顿”的新计划。根据计划规定，该项研究工作所有的指挥权都集中在“曼哈顿”工程管理处。原子弹研究计划受到严格保密，就连副总统杜鲁门在当时也不清楚。直到1945年罗斯福逝世杜鲁门接任总统时，才得知这一计划。

在美国进行原子弹研究的同时，德国也没有停下脚步，一直在紧锣密鼓地进行研究工作。1942年6月，罗斯福与丘吉尔从情报中获得了德国研究原子弹的一些蛛丝马迹。为了阻止德国成功制造原子弹，盟国派出了突击队进行破坏。这次的破坏取得了成功，打断了德国研究原子弹的进程，产生了极大的影响。

除了调查德国人的秘密研究基地，美国还向欧洲战场派出了“阿尔索斯”行动小组，这个小组的目标十分特别，那

原子弹爆炸的蘑菇云

乔治·卡特利特·马歇尔

就是专门在欧洲各地搜捕德国科学家以及收集德国制造原子弹的情报。1944年春季，这个小组忽然发现在德国占领区的小镇黑兴根有一个十分秘密的基地，陆军参谋长马歇尔等人毫不含糊，在和几个高级将领进行简单商议后，便决定派军将这个地方彻底摧毁。这次的行动再次取得成功，黑兴根的“U计划”基地被彻底破坏。

终于，在1945年7月16日5时30分，世界上第一颗原子弹爆炸成功了！这颗由美国制造的试验性原子弹在新墨西哥州爆炸成功。

8月2日，杜鲁门在归国途中决定立即对日本使用原子弹，而他的这一想法很快得到了实施，日本也迎来了史无前例的大灾难。

LISHI JUJIAO

中国第一颗原子弹

1964年10月16日下午3时，中国在西部地区成功地爆炸了我国第一颗原子弹，继美国、苏联、英国、法国之后，成为世界上第五个拥有核武器的国家。1967年6月17日，中国又成功地进行了首次氢弹试验，打破了超级大国的核垄断、核讹诈政策，为中华人民共和国的国防安全和国际地位的提升做出了巨大贡献。

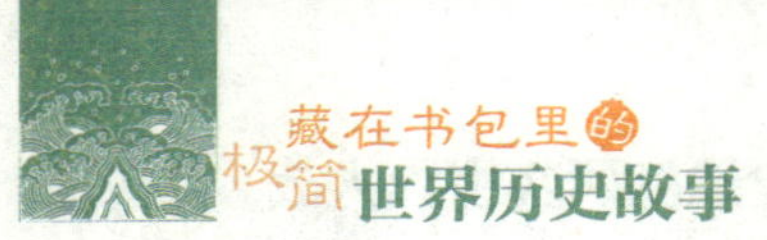

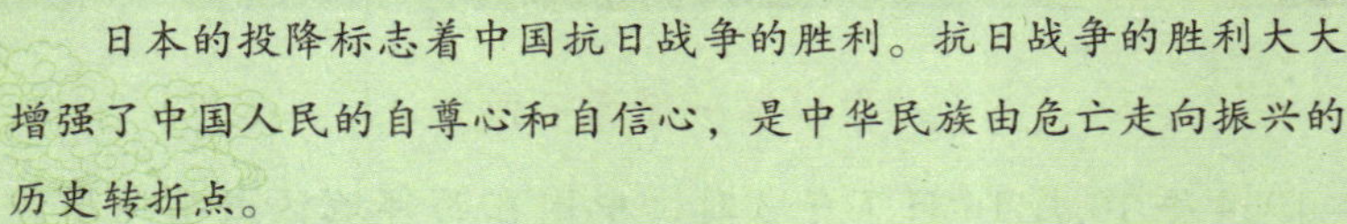

日本宣布投降

日本的投降标志着中国抗日战争的胜利。抗日战争的胜利大大增强了中国人民的自尊心和自信心，是中华民族由危亡走向振兴的历史转折点。

1945 年 8 月 10 日晚 6 时许，重庆中央电台首先广播了日本通过瑞士正式向中国转达投降请求的消息。

听到消息的重庆市民大放爆竹，使得鞭炮店生意大佳，爆竹瞬间售空。在重庆中央社内短小而狭窄的灰墙上贴出了“日本投降了”的巨幅号外（当发生重大新闻和特殊事件时，

毛泽东雕像

为迅速及时地向读者报道而临时编印的报刊）。更有几位记者狂敲响锣，驾着三轮车绕城一周，向市民报告日本投降、抗战胜利的消息。

而在此时，昆明电影院内正在放映的电影银幕上映出“日本无条件投降”的字幕时，观众一片欢呼，甚至拿出帽子、手帕在空中挥舞。在剧院里，听戏的人听到抗战胜利的消息后，兴奋得跳上舞台，大声地呼喊：“日本投降了！”台下的观众更加欣喜若狂，纷纷跑到外边欢呼胜利。

在西安古城，人们聚集在钟楼附近，燃放爆竹，庆祝胜利。

在中国共产党建立的抗战根据地，庆祝胜利的方式是以召开群众大会和高举斯大林、毛泽东、朱德的巨幅画像的方式进行的。人们一遍又一遍地喊着“共产党万岁”的口号，倾听党的干部站在台上宣传在过去的 14 年时间里，共产党领导的武装力量是如何艰苦卓绝地歼灭了无数的日本侵略者，最终带领人民取得抗战的胜利。

8 月 15 日，日本天皇的《终战诏书》正式播发，日本宣布无条件投降。

《波茨坦公告》

二战即将结束时，苏、美、英三国首脑在柏林近郊的波茨坦举行会议。期间，会议发表了对日最后通牒式公告，史称“波茨坦公告”。公告发表于1945年7月26日，全称《中美英三国促令日本投降之波茨坦公告》，简称《波茨坦公告》或《波茨坦宣言》。这篇公告的主要内容是声明三国在战胜纳粹德国后，一起致力于战胜日本以及履行《开罗宣言》等对战后日本的处理方式的决定。1945年8月14日，日本天皇裕仁宣布接受《波茨坦公告》，向盟军投降。

第二十一章

国际新秩序的建立

联合国的成立

每一个国家都有自己的管理秩序，地球是由许多国家组成的，这个大家庭更加需要有一个制度来约束。为了方便世界各国之间紧密而有秩序的联系，1945 年 10 月 24 日，联合国成立了。

人们的安全感来自每一个小家庭的团结稳定，世界这个大家庭也是这样。联合国的成立是众望所归（zhòng wàng suǒ guī：大家一致期望的，指得到群众的信任），各国团结友爱的相处是所有人期待的局面。

在德黑兰会议的时候，美国总统罗斯福和苏联党中央总书记斯大林在会后见面，且聊得特别愉快，他们提出建立一个联合国，以维护世界和平。

1943 年 10 月，中美英苏联合发表的《普遍安全宣言》公布于世。虽然成立国际大家庭的想法让人感到非常高兴，但是很多国家以自我为中心，在制定联合国章程的时候，还是产生了一点儿不愉快。

1945 年，罗斯福和丘吉尔借助苏联的力量打败了德国。这一年的 2 月，在雅尔塔参加会议的时候，他们终于认同了苏联的意见。从此，联合国确定实行了一票否决制。

就在第二次世界大战之后，美英苏之间因为投票的否决权问题产生了分歧（fēn qí：两人或多人的意愿不一致）。作为社会主义强国的苏联表示，在表决的时候，有一国投反对票，即为无效表决，美国和英国恰恰与之相反。

联合国的国旗

1945年4月25日，旧金山市歌剧院异常红火，这里汇聚了46个国家（会议期间，又有4个国家被接待）的代表，其中有我国的75人。

下午4时，代表们要入场了。虽然天空淅淅沥沥地下着雨，但是这完全磨灭不了人们渴望和平的热情。

“和平万岁，联合国万岁！”人们的欢呼声整齐有力。

次日，4个发起国纷纷发表宣言，誓为世界和平贡献自己的力量，承担属于自己的那份责任和义务。

后来，越来越多的国家加入这个充满正能量的组织当中。让我们一起期盼更加和平美好的明天！

联合国的会徽

联合国的会徽上有英文缩写“UN”，并且有象征和平的金色橄榄枝作为花环。一眼看上去，就像围绕在北极周边有陆地、有水域的世界地图的投影。

夹在美、苏中的古巴

古巴加入社会主义阵营的行为让美国非常不满，因而美国对古巴进行了经济封锁。在关键时刻，苏联伸出援助之手，帮助古巴渡过难关，并为其提供军事支持。古巴私下里建造导弹，美军发现后，对其进行“海上隔离”，古巴导弹危机公开爆发。随后，美、苏达成协议并开展合作，一直被两个大国“摆布”的古巴则被可怜地晾在了一边。

美国一直自认为是古巴的“领导者”，其垄断资本也一直掌控着古巴的经济命脉。而随着1959年元旦前夕古巴革命领导人卡斯特罗的上台，局势发生了改变。卡斯特罗进行国内改革，全面实行社会主义政策，这无疑是对资本主义大国——美国的无视。于是，美国开始对其进行经济封锁，这一做法无疑会给古巴的经济造成严重的阻碍。卡斯特罗是一个非常聪明的人，他知道美国的对头是苏联。于是他向苏联请求援助。

菲德尔·卡斯特罗

一向心高气傲的美国看到古巴竟然投入苏

联的怀抱，更是气愤难平。于是，美国暗地里开展了颠覆古巴现存政权，杀害卡斯特罗的计划。

古巴莫罗灯塔－哈瓦那

1961年4月17日早晨，上千名经过西点军校长期训练的反卡斯特罗的武装士兵准备回到自己的家乡推翻卡斯特罗政权。本以为秘密行动能够万无一失，可是，他们刚刚上岸，便被古巴军队打了个落花流水。而他们背后的美国竟然在关键时刻坐视不管，任他们自生自灭，实在不是仁义之举！

卡斯特罗知道美国一直没有放弃推翻自己的打算，便在苏联的帮助下，偷偷发展军事力量，建立了自己的导弹发射基地。

不料，这一军事基地被美国的U—2型高空侦察飞机发现了，于是，美国政府开始对古巴实行“海上隔离”。

加勒比海不再平静，大量的武器和军事装备已经就位，仿佛战争在下一刻就会打响，古巴导弹危机也在世界人民面前正式浮出了水面。

这仅仅是古巴和美国之间的战争吗？当然不是。这关系

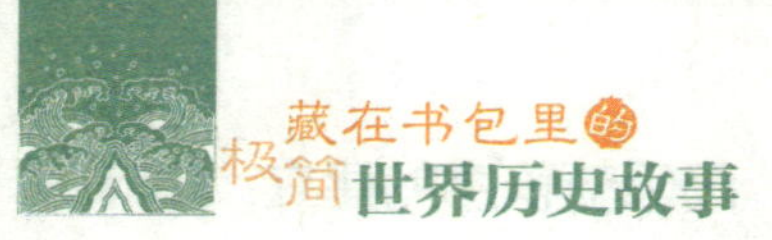

到整个世界的安全，同时也是美国和苏联的较量。由于古巴向苏联求助并没有退步的打算，卡斯特罗倡导大家共同反抗美国，守卫主权，而美国也没有放弃对古巴控制权的争夺。双方剑拔弩张（jiàn bá nǔ zhāng：多形容气势逼人，或形势紧张，一触即发），一时间气氛非常凝重。

“假如苏联答应撤走导弹并保证不再把进攻性武器运进古巴，美国是否可以放弃对古巴的入侵计划？”这是苏联驻美国使馆参赞亚历山大·福明对美国记者的提问。该记者随后将其报告给美国总统肯尼迪。肯尼迪知道这是苏联在向自己表达和平共处的意愿，便做出了积极的回应，苏联也声明

古巴哈瓦那大剧院

要维护和平，停止战争。

就这样，原本要危及世界的战争眼看着就要归于平静了，谁料又出现了意外。

苏联要求美国撤走部署在苏联近邻土耳其的导弹，声称只有这样，它才会撤走古巴的导弹。美国为了暂时的利益，只能表面上先答应苏联的条件，而实际上，美国私下里答应在危机过后撤走土耳其境内的导弹。

终于，美苏双方都得到了自己想要的结果。而对于古巴，这两个大国竟然不约而同地将它放在一边，带着自己满意的结果继续投身到本国的建设中去了。

历史聚焦 LISHI JUJIAO

古巴的国徽

古巴的国徽为盾徽。盾面上部的蓝色部分代表加勒比海，一轮太阳从海面升起，横置的钥匙表示古巴为墨西哥湾的一把钥匙（古巴岛形似钥匙），表明其地理位置的重要性。盾面左下方为蓝、白相间的斜纹，右下方的图案为草地、山峦、棕榈树。盾徽两侧为橡树枝叶和月桂枝叶；背后是一根束棒，象征权威；束棒之上是一顶“自由之帽”，寓意争取自由，为自由而斗争。

马岛之战

马尔维纳斯群岛一直是几个国家竞相争夺的领域，为此也发生了多次大大小小的战争。1982 年 4 月 2 日，英国与阿根廷之间争夺马岛的战争爆发，历经 74 天的对抗后，这场马岛之战最终以英国胜利告终。

南美洲最南端有一块星罗棋布的群岛，这就是马尔维纳斯群岛，简称马岛。英国人把马岛称为福克兰群岛，认为英国人约翰·斯特朗早在 1690 年就到过此岛。英国人的说法并没有得到世人的认可。马岛曾被法国、西班牙等国占有。1816 年，独立后的阿根廷把马岛变成自己的第 24 个省。几年后，马岛上的阿根廷人与到该岛捕猎的美国人发生冲突，在美国人和阿根廷人进行争执的时候，英国人乘机占领马岛。此后，马岛一直被英国占有。

第二次世界大战后，阿根廷多次就马岛问题向联合国提起申诉。1965 年和 1973 年，联合国大会也两次作出过敦促英、阿通过和平谈判解决马岛问题的决议，但英阿谈判丝毫没有进展，不过矛盾也没有激化。

1980 年，虽然英国同意将马岛主权移交给阿根廷，却要求长期租借马岛。英国的这一无理要求被阿根廷毅然拒绝。英阿两国的矛盾越来越深。1981 年，军人出身的加尔铁里当选为阿根廷总统。加尔铁里刚一上台，便开始制订以武力收复马岛的计划。

1982 年 4 月 2 日凌晨，4000 余名阿根廷海军陆战队队员在航空母舰“五月花号”的统领下，乘坐数艘军舰浩浩荡荡地奔赴马岛。经过精心策划的阿军登陆马岛后，攻占了机场和港口。在被英国占领 149 年后，马岛上突然又升起了阿根廷的国旗，难道这不意味着一场战争的到来吗？

初战告捷的阿根廷人举国欢庆，士气高涨，加尔铁里也因此成了民族英雄。而此时的英国国内则一片哗然，一种蒙羞（méng xiū：蒙受耻辱）的感觉正在迅速蔓延，官员们则为丧失“领土”而相互指责，时任英国首相的撒切尔夫人更是如坐针毡。

为了稳住国内形势，撒切尔夫人于 4 月 3 日召开紧急会议，议会决定派出一支以英国海军少将约翰·伍德沃德为统帅的特混舰队开赴马岛。看到英军势在必得的架势，美国国务卿黑格又想通过外交的方式来调解英阿之间的矛盾，但这一次他没有成功。有“铁娘子”之称的撒切尔夫人不会像二战前夕的张伯伦一样任由别人摆布。

撒切尔夫人

英阿军队的战争接连发生。英军开始取得了连连胜利，便沾沾自喜起来，但一场噩梦正悄悄地向他们袭来。

面对英军咄咄逼人的攻势，加尔铁里把目光投向从法国购得的 5 枚“飞鱼”导弹上，导弹先后击中了英国的“谢菲尔德号”和“大西洋运送者号”，这对骄傲自大的英军来说是一个沉重的打击。

但是，当最后一枚“飞鱼”导弹发射出去后，阿根廷再也拿不出任何足以抵抗英国的力量了。6 月 8 日，3000 名英军乘坐“伊丽莎白二世女王”号客轮登上马岛，马岛上的英军人数增加到 8000 人。英军仗着人多势众，牢牢地掌握着马岛的海空控制权，并封锁了马岛。

6 月 14 日晚 7 时，马岛阿军司令梅内迪斯将军向英军投降，为期 74 天的马岛之战终于结束了。

动物乐园

福克兰群岛当中的海狮岛是一个不折不扣的动物乐园，岛上唯一一个人类建筑物——小木屋，其中的所有物资，都来源于直升机空运。从小木屋出发，走上一小段路，人们便会被数千只企鹅、野鹅、野鸭和海鸥环绕，海滩则是上百只海狮和巨大海象的领地，景象非常壮观。

欧洲联盟

二战给欧洲经济带来的损失是巨大的，也使欧洲在全球的地位大不如前。为了使经济回到原来的发达程度，欧洲很多国家选择了联盟（lián méng: 两个或两个以上的独立国家或民族为了互相保卫通过正式协定建立的集团）。

二战后的欧洲不能再像以前一样左右国际经济走势。即便欧洲再努力，也无法回到原来的顶峰。联盟无疑是欧洲各国家最好的选择，只有这样，才能加速各国的经济恢复。为了防止任何一个国家的军事力量太强大，也为了方便对各国重工业的管制，它们选择建立一个国际性的组织。

法国外交部长舒曼于 1950 年提出了“舒曼计划”，其核心是建议成立一个组织来共同管理法德等国的煤钢生产，从而使任何一个国家都不会对他国造成军事威胁。1957 年 3 月 25 日，法国、联邦德国、比利时、荷兰、卢森堡签订《欧洲煤钢联营条约》。次年 7 月 25 日，欧洲煤钢共同体正式成立。上述六国在罗马签署旨在建立欧洲经济共同体和欧洲原子能共同体的条约（又称《罗马条约》）。1958 年 1 月 1 日，欧洲经济共同体和欧洲原子能共同体正式组建。

1967 年，欧洲煤钢共同体、欧洲原子能共同体以及欧洲经济共同体统合并，统称欧洲共同体（简称欧共体）。同时，经济和货币的联盟也是欧共体国家领导人的一致目标。

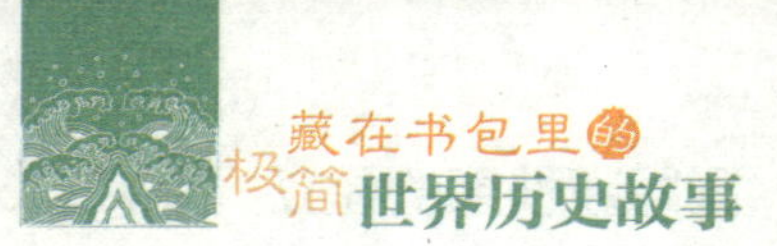

欧共体的成立让多国看到了利益，因而规模越来越大。1973 年，英国、丹麦和爱尔兰相继加入。再到希腊、西班牙和葡萄牙的加入，欧共体已有 12 个成员国。

随着欧洲经济一体化的发展，各国的经济情况有了很大的提升。发展到后期的联盟，其便利不仅体现在关税方面，各国商品、货币之间的自由流通更是推动了经济一体化的

位于布鲁塞尔的欧洲委员会总部的欧盟旗帜